خبايا الاستثمار العقاري

استراتيجيات عملية للنجاح والتفوق

موتيفيت
ميديا جروب

نُشر من قِبَل:
موتيڤيت ميديا جروب

دبي

مبنى ميديا ون تاور، مدينة دبي للإعلام
ص.ب 2331 دبي، الإمارات العربية المتحدة
هاتف: 3000 427 (4 971+)
فاكس: 2268 428 (4 971+)
books@motivate.ae
www.booksarabia.com

أبوظبي

برج مكين، شارع 9، الزاهية
ص.ب 43072 أبوظبي، الإمارات العربية المتحدة
هاتف: 3490 657 (2 971+)

الرياض

برج حمد، طريق الملك فهد
العليا، الرياض
هاتف: 3595 834 (11 966+)
فاكس: 3501 834 (11 966+)

لندن

إيكر هاوس، 11/15 ويليام رود،
إن دبليو 1 3 إي آر، لندن

رئيسا التحرير: **عبيد حميد الطاير، إيان فيرسيرفيس**
الناشر: **إيان فيرسيرفيس**
المدير العام. **ليم گالادي**
مدير النشر: **أحمد سعيد السكيتي**
مسؤول التحرير والإنتاج: **رحاب برهم**
المدير الفني: **أحمد أبو طاحون**
الترجمة بإشراف مسؤول التحرير: **داليا زاهر**

© حقوق الطبع محفوظة للمؤلف فراس المسدي وموتيڤيت ميديا جروب، 2023

جميع الحقوق محفوظة. لا يجوز إعادة إنتاج أي جزء من هذا الكتاب بأي شكل كان (بما في ذلك النسخ المصورة أو استخدام الوسائل الإلكترونية) من دون الموافقة المكتوبة لأصحاب حقوق النشر. وينبغي توجيه الطلبات الخاصة بالحصول على الموافقة المكتوبة لأصحاب حقوق النشر بهدف إعادة إنتاج أي جزء من هذا الكتاب، إلى الناشرين طبقاً لقانون حقوق النشر الدولي لعام 1956، وللقانون الاتحادي رقم (7) لعام 2002 الخاص بحقوق النشر الخاصة بالمنشئ الأصلي والمنشئين الثانويين. وكل من يتصرف بما يخالف حقوق النشر المذكورة سيكون عرضة للمساءلة القانونية والمطالبة بالأضرار الناجمة عن ذلك.

ملاحظة: جميع المعلومات والآراء الواردة في هذا الكتاب صحيحة إلى وقت إرسال صفحات الكتاب للطباعة، وهي خاصة بالمؤلف وحده فقط لا غير، ولا تتحمل دار النشر مسؤولية هذه المعلومات والآراء.

رقم المرجع الدولي ISBN: 8 561 86063 1 978
رقم الترخيص من مكتب تنظيم الإعلام: MC-02-01-1828417

خبايا الاستثمار العقاري
استراتيجيات عملية للنجاح والتفوق

فراس المسدي

أهدي هذا الكتاب إلى شخص عزيز على قلبي،
إلى صاحب السمو الشيخ محمد بن راشد آل مكتوم،
مُلهِمي ومُحفِّزي الأول في أن أدفع بنفسي
بكل ثقة طوال رحلتي نحو تحقيق أحلامي..

التمهيد

أردت من خلال كتابي «خبايا الاستثمار العقاري.. استراتيجيات عملية للنجاح والتفوق» الذي يتناول واقع تجربتي في قطاع العقار، تقديم أكبر قدر من المعلومات قد يحتاجها أي شخص يطمح لأن يصبح مستثمراً عقارياً ناجحاً، حيث يمكنه التعرف في ثنايا هذا الكتاب إلى مبادئ وأسس سوق العقار بكل سهولة ويُسر، وبالتالي اتخاذ القرارات المناسبة، ما يضمن له استثمارات ناجحة. كما أنني عملت على إثراء هذا الكتاب بالعديد من النصائح الاستثمارية، بما فيها كيفية تحديد الفرص والاستفادة منها إلى أقصى حد.

لقد مررت بكل معالم هذه الرحلة شخصياً. واليوم، وبوصفي مستثمراً عقارياً محترفاً، أترأس إحدى أنجح شركات الاستثمار العقاري في دبي، أود مشاركة الأفكار والخبرات التي اكتسبتها على مدى السنوات الماضية معك أيها القارئ.

وعلى الرغم من تركيز هذا الكتاب على العديد من الأمثلة المستوحاة من سوق العقارات في دبي، إلا أن ثمة تجارب لي في الاستثمار العقاري بالمملكة المتحدة وفرنسا وتركيا وألمانيا ودول مجلس التعاون الخليجي؛ فالمبادئ والأسس التي يقوم عليها الاستثمار واحدة، وإنني أؤكد من خلال هذا الكتاب أنها ثابتة، وإذا قمت باتّباعها بشكل صحيح، حتماً سيمكنك تحقيق أقصى درجات النجاح في سوق العقارات، أينما كنت.

*****

يتضمن الكتاب أقساماً عدة، وفي مقدمته، يتم التطرق إلى سيرتي الذاتية – بما في ذلك لمحة موجزة عن طفولتي والأيام الأولى لعملي في قسم المبيعات. لا أدّعي المثالية هنا، لكنني لطالما شعرت أن هذا التخصص كان شغفي منذ الطفولة، وقد كان للسنوات الأولى من عمري دورٌ رئيسٌ في تشكيل مُستقبلي، ما جعلني أعْقِدُ العَزْمَ على المُثابَرة والمُضي قُدُماً نحو النجاح. تتحدث المقدمة أيضاً، عن كفاحي في سوق العقارات وشَقِّ طريقي في العمل والتعلم من خلال اكتسابي للخبرة، ومواجهة التحديات وتذليل الصعوبات.

وقمت بتقسيم بقية الكتاب إلى أربعة أقسام، حيث يستكشف القسم الأول نشأة وتطور شركة اف أي إم العقارية، وكيف أصبحت واحدة من

أكثر الشركات العقارية نجاحاً بإمارة دبي. في حين يتناول القسم الثاني عالم الاستثمار العقاري، حيث يتبادر إلى أذهان الجميع تساؤلات عدة، مثل (1) ما الذي يميّز سوق العقارات: وكيفية النظر في كثير من الطرق التي تُمثّل بها العقارات فرصاً استثمارية جيّدة؛ (2) ما الذي يجب أن تبحث عنه: الكشف عن خبايا قطاع العقارات لتكون على دراية كاملة بما يجب عليك القيام به وما عليك تجنُّبه أيضاً؛ و(3) ما الخُطْوة التالية: دراسة ما إذا كان الاستثمار في العقارات هو الخيار الأنسب بالنسبة لك، وهكذا.

أما القسم الثالث، حيث نبدأ الرحلة.. فإن الفصول في هذا القسم تتحدث عن البدء من النقطة الرئيسة والخطوات الأساسية التي يحتاج إليها المرء لبدء رحلته في الاستثمار؛ وتحسين الفرص التي من شأنها أن تساعد في جني الأموال والأرباح، وفَهْم تحركات السوق العقاري التي تمكّن من تحديد أفضل أوقات الشراء أو البيع.

ويوضح القسم الرابع كيفية تحقيق النجاح عن طريق: (1) بيانات أداء السوق العقاري، كيفية قراءتها، وفَهْمها، واستخدامها وأهميتها في اتخاذ القرارات الصحيحة في هذه المرحلة، إلى جانب بعض الأمثلة العملية التي توضح الفرق الذي يمكن إحداثه؛ (2) المقارنة، أو القيام بالاستثمار الصحيح عن طريق دراسة الخيارات، ثم كيفية تحديد الأفضل والأنسب في ظل الظروف والمعطيات؛ (3) التفاوض وإغلاق الصفقات، أو الحصول على الصفقة الصحيحة، واعتماد طرق التفاوض التي تم تجربتها واختبار المهارات والتقنيات التي ستجعلك ناجحاً.

ينتهي الكتاب بخاتمة تجيب عن سؤالٍ لطالَما يُراوِدُنا، وهو: «ما الخطوة التالية؟»، من خلال وَضْع ما تعلمته قَيْدَ التنفيذ والممارسة العملية، ومُشاركة بعض التوجيهات بشأن اتخاذ القرار بمزاولة الاستثمار في العقارات بوصفها مهنة مستقبلية.

عند قراءتك لهذا الكتاب تكون قد حصلت على أفضل النصائح من واقِع الحياة، واكتسبت المعرفة اللازمة حول كيفية الاستثمار بأمان في مجال العقارات لتصبح مستثمراً عقارياً ناجحاً عند تطبيقها.

فراس المسدي

فبراير 2023

المحتويات

التمهيد	7
المقدمة.. الوصول إلى القمة	11

القسم الأول
رحلتي مع شركة اف أي إم العقارية

الفصل الأول:	نشأة «اف أي إم العقارية» في ذروة الأزمة الاقتصادية العالمية	18
الفصل الثاني:	نمو شركة اف أي إم العقارية وازدهارها	28

القسم الثاني
عالم الاستثمار العقاري

الفصل الثالث:	الاستثمار في العقارات يُعَد من أفضل أنواع الاستثمار وأكثرها نجاحاً؛ لماذا؟	36
الفصل الرابع:	الكشف عن خبايا الاستثمار في السوق العقاري	54
الفصل الخامس:	خمسة توجهات استثمارية رئيسة في قطاع العقارات	70

القسم الثالث
من هنا تبدأ رحلتك في عالم الاستثمار

الفصل السادس:	كيف تعرف أنك على الطريق الصحيح؟	84
الفصل السابع:	كيف يجني مستثمرو العقارات المال من استثماراتهم؟	94
الفصل الثامن:	الدورات المختلفة لسوق العقارات	114

القسم الرابع
الوجهة.. النجاح

الفصل التاسع:	الأهمية الفائقة للبيانات والتوجهات الشائعة للأسعار وإحصاءات السوق العقاري	128
الفصل العاشر:	كيف يمكن لمقارنة وتحليل البيانات الإسهام في اتخاذ قرارات استثمارية صحيحة ودقيقة؟	154
الفصل الحادي عشر:	مهارات التفاوض وإتمام الصفقات	170

الخاتمة.. ما الخطوة التالية؟	185

«لماذا تفشل الأغلبية العُظمى في تحقيق أهدافها، بينما تتمكن القلة القليلة من النجاح في عالم المال والأعمال؟»..

المقدمة

الوصول إلى القمة

من منّا لا يحلم؟ من منّا ليس لديه حلم يُضفي للحياة معنى، ونضع بموجَبِه مساراً وهدفاً نطمح للوصول إليه؟ الأحلام تستحق أن نخوض غِمارَ التحديات يومياً في سبيل تحقيقها؛ فهي كالدُّرِ المَنْثور تُضيء لنا الطريق حتى نصل إلى مُرادِنا، وتتيح الفرصة لمواهبنا أن تتكشّفَ لتُساعِدَنا على بِناءِ المستقبل الذي نَطْمحُ إليه جميعاً ونرجوه.

لكن يجب علينا ألا ننسى، أنّ ضوءَ المصباح يقوم فقط بدور المُرشِد، وفي حال لم يكن لديك الإصرار والعزيمة اللازمة للمُضي قُدُماً في تحقيق حلمك والنجاح، فإنك تفقد السيطرة وتشعر بالألم لعدم بلوغ الهدف وبالتالي يُصبح بعيدَ المنال. أما في حال كنت على قَدْر التحدّي، فلن يُعيق تَقَدُّمك أي شيء، وتصل إلى القمة!

باختصار؛ هذه هي قصتي التي أستعرض فيها تجاربي وخبراتي منذ طفولتي، مروراً بأول وظيفة شغلتها في دبي، ووصولاً إلى النجاح في بلوغ مُرادي وتحقيق حلمي، وتدشين مجموعة شركات بعشرات ملايين الدولارات التي كان شغفي الدائم بالعقارات حجر أساس لها.

يَسُرُّني انْضِمامك إليّ عزيزي القارئ في رحلتي لنسْتَكْشِفَ معاً عالم الاستثمار العقاري بكل تقلّباتِه.

*****

وُلِدْتُ في عام 1984 وتَرَعْرَعتُ في محافظة حمص بسوريا، في كنف عائلة منحتني الحب والدعم الذي يجب أن يحظى بهما أطفال العالم كافة.

منذ طفولتي، وأنا أعشق روح المنافسة، وأتمتع بشخصية قيادية. لقد أتقنت البيع منذ نعومة أظفاري، حيث كنت أقوم ببيع الألعاب النارية وألعاب الأطفال في سِنٍّ مُبْكِرة جداً. وعندما بلغت الثانية عشرة من عمري، بدأت في بيع الأحذية بمتجرٍ صغير تملكه عائلتي في حمص، ومنذ تلك اللحظة، استهواني مجال المبيعات عبر الأسواق المختلفة، وبرزت به كثيراً!

لا أزال أتذكر اللحظة التي تغيرت فيها حياتي وذلك في أحد الأيام، عندما دخلت إلى غرفة المعيشة، حيث أخي وأمي يشاهدان برنامجاً تلفزيونياً للدكتور صلاح الراشد، وهو متخصص في التنمية البشرية،

وكان النقاش يتمحور حول حاجة كل منّا إلى وضع أهداف في حياتنا والتخطيط السليم من أجل تحقيقها.

كان لهذه الحلقة من البرنامج الأثر البالغ في تغيير حياتي. لقد ألهمني الدكتور الراشد لإعادة التفكير في مسار حياتي وأن أحلم بشكل أكبر. وأدركت حينها أن المدينة التي أعيش فيها لا تتسع لأحلامي، ما دفعني إلى مغادرة وطني واستكشاف الفرص في الخارج.

تبدو الخطة بسيطة! تبدأ بالانتقال إلى بلد آخر وتسعى وراء تحقيق الهدف. ولكن حتى أتمكن من القيام بذلك، كنت بحاجة إلى أن أكون قادراً على التواصل بشكل فعال، خاصة فيما يتعلق باللغة الإنجليزية. وهكذا، أمضيت فصل الصيف في تحسين وتعزيز مهاراتي اللغوية بمساعدة بعض الأصدقاء الذين كانوا يزوروننا من الولايات المتحدة الأميركية.

بعد أن اجتهدت في تعلّم اللغة وتطوير مهارات التواصل اللازمة، بدأت رحلتي في البحث عن الوظيفة. في الواقع، تم استدعائي لإجراء العديد من المقابلات، حتى أنني كنت على أتم الاستعداد للعمل بمهنة موظف أمن في مركز تجاري بقطر. ولحُسْنِ حظي تم قبولي لأشغل وظيفة بائع في أحد محال الأزياء بإمارة دبي.

وصلت إلى دبي في 15 ديسمبر 2005، وهي المرة الأولى لي، لم أكن أعرف حينها أنها ستُشكّل نقطة تحوّل مهمة في حياتي.

وفي الطريق إلى مكان إقامتي بمنطقة البرشاء، أذكر أنني كنت مذهولاً لرؤية ناطحات السحاب التي تُعانق السماء، والتي تصطف على طول جانبي شارع الشيخ زايد. انْتابَني شعور داخلي، وكأنما صوتٌ يُحدِّثني عن المدينة، بأنها موطنٌ للفرص.

على الرغم من أنني تدربت مع أصدقائي على تحسين لغتي الإنجليزية في ذلك الصيف، إلا أن مهاراتي كانت لتُصَنّف اثنين من عشرة. وبينما قرر معظم الأشخاص الذين قدّموا في دُفعة التوظيف نفسها من سوريا العيش مع بعضهم في سَكَنٍ مُشْتَرك لكوْنِهِ الخَيار الأسهل، اخترتُ أن أعيش مع عشرة رجال من الجنسيات الآسيوية في شقة من غرفتي نوم في برّ دبي. وكانت طريقة التواصل الوحيدة بيننا هي بالإنجليزية، الأمر الذي ساعدني كثيراً في إجادتي للغة.

بدأت التعرف إلى عالم البيع بالتجزئة في شركة إمبوريو أرماني، حيث كنت أعمل، وشعرت حينها برغبة عارمة في التعلم والتقدم، ما دفعني إلى العمل بنظام الفترتين – من الساعة 9:00 صباحاً حتى 10:00 مساءً – لمدة عامٍ تقريباً. وعلى الرغم من أنه لم يكن أمراً مُرحّباً به من قِبَل الشركة، فضلاً عن عدم تحصيل أجر إضافي نتيجة لعملي ساعات إضافية، إلا أن الأمر

بالنسبة لي يُعَد أكثر فائدة من الحصول على دراهم أكثر؛ ففرصة التعلم وممارسة العمل على أرض الواقع من أبرز السبل للتقدم والتطور. وهكذا، لم تمنعني ظروفي في العمل من تخصيص بعض الوقت لحضور دروس مسائية في إدارة الأعمال بمجمع دبي للمعرفة.

لوهلة قد يبدو أنني مارست الكثير من العمل الشاق - كان كذلك بالفعل - لكن شغفي بالعمل حَفّزَني على بذل قُصارى جُهدي واستغلال كل لحظة. وقد جاء عملي الجاد وتصميمي بِثِمارِهِما، إذ تم اختياري كأفضل مندوب مبيعات لشركة إمبوريو أرماني على مستوى دولة الإمارات العربية المتحدة، وكافأتني الشركة بإهدائي ساعة من علامة بولغري التجارية الرائدة التي ما زلت أعتز بها حتى يومنا هذا.

وراحت الأيام تمضي ببطء، إذ إنني مع كل هذا التقدير، كنت أطمح إلى آفاق أعلى. كما أن سقف التطور الوظيفي في مجال البيع بمتاجر التجزئة محدود. بدأت أشعر بالاختناق شيئاً فشيئاً؛ فأحلامي وطموحاتي لا حدود لها.

وهكذا، دفعتني رغبتي المستمرة في التطور للبحث عن فرصة عمل مُغايِرَة. وبدأت في واقع الأمر بإجراء مقابلات مرة تلو أخرى، وبعد أكثر من أربعين محاولة فاشلة، عُرضت عليّ وظيفة من قِبَل مالك شركة عقارات تتخذ من منطقة مرسى دبي مقراً رئيساً لها، لتكون نقطة انطلاق ثانية لي.

ومع الأخذ في الاعتبار الحد الأدنى لتكاليف الإقامة في دبي - وسداد نفقة تعليمي - شكّل الانتقال من عمل بدخل ثابت لوظيفة قائمة على العمولة مخاطرة كبيرة، خاصة أنني لم أكن على معرفة كافية بقطاع العقارات، وما من احتياطٍ نقدي أملكه. لكن هذا لم يمنعني من المجازفة وتولّي منصب مندوب عقارات، حيث عملت فيها لمدة 25 يوماً باستخدام عطلتي السنوية أثناء عملي في محل الأزياء.

في ذلك الوقت، كانت منطقة مرسى دبي عالماً فريداً وقائماً بذاته. كانت تنبض بالحياة وليست كمثل شيء رأيته من قبل. أتذكر لحظة وصولي إلى مكتب الشركة، أنني شعرت بنشوة الانبهار عندما رأيت أشخاصاً عاديين، يعيشون أحلامهم ويقودون سيارات فاخرة تم شراؤها بالعائد الناتج عن تأجير وبيع العقارات.

حينها أدركت على الفور أنه إذا كان بإمكانهم تحقيق أحلامهم، فإنه بوسعي أنا أيضاً فعل ذلك..

خلال فترة عملي التي لم تَدُم أكثر من 25 يوماً، تمكنت من إنجاز معاملات عقارية تتعلق بالإيجار والتي شكّلت دافِعاً أساسياً لتعزيز ثقتي بنفسي واتخاذ قرار الاستمرار في هذا المجال؛ فعُدتُ إلى عملي في شركة أرماني لتسليم إشْعارٍ بالاستقالة وبِدْءِ مرحلة جديدة في حياتي. وبحلول نهاية العام الأول من إقامتي في دبي، ثمة تغيير آخر كان له أثرٌ كبيرٌ في حياتي، وهو أنني التقيت بزوجتي المستقبلية التي كانت تدرس في جامعة بريستول وتقوم بزيارة والديها المقيمين في الإمارة، والتي تقدمت بطلب الزواج منها بعد أسبوعين فقط من تعارفنا، الأمر الذي كاد يصيب والدتها بنوبة قلبية؛ فقد كان مُغايراً للعادات البريطانية.

بالعودة سريعاً للوقت الحاضر، ستجدنا الآن نحتفل بذكرى زواجنا الثالثة عشرة. إننا أبوان لولدين وبنتين، وأصبحت عائلة زوجتي جزءاً من عائلتي.. فالحب دائماً ما يتخطّى جميع الصعاب.

واستكمالاً لقصتي، كنت قد أخذت خطواتي الأولى في عالم الإدارة.

بعد استقالتي من شركة أرماني، بدأت مهنة جديدة في مجال العقارات. وفي غضون بضعة أشهر، تواصل معي أحد المستثمرين كنت قد التقيتُ به بينما كنت أروّج لعقار السيد أ. ب. كريم، وتلقيت منه عرضاً للعمل معه في شركته «كيه. سي. للعقارات».

في غضون الأشهر القليلة الأولى أدركت أن الوكالة لا تعمل بكامل طاقتها، ويرجع ذلك إلى أن صاحب العمل لم يكن يقيم في دبي، وأن الشركة لم تكن هي نشاطه الأساسي، إذ كان يدير عمل عائلته في جنوب أفريقيا. لقد رأيت من التحديات التي تواجهها الشركة فرصة لتعزيز تجاربي من خلال العمل الجاد والتعلم وممارسة التجارة، إذ أدركت حينها بشكل راسخ بأنني سأكون قادراً على الارتقاء بالشركة إلى مستوى آخر، على الرغم من خبرتي المتواضعة في مجال الإدارة. إذاً ما الذي جعلني أثق بأنني أستطيع تطوير العمل في الشركة؟ حسناً؛ اسمح لي أيها القارئ أن أقول إنه مهما كان مجال عملك، فإن وصفة النجاح هي واحدة - وقد افتقرت الشركة إلى هذه الوصفة.

وبالنظر إلى الماضي، فإني حقاً أُقَدِّر الثقة التي وضعها صاحب العمل بي. لذلك، كنت على استعداد تام لِفِعْلِ كل ما يتطلبه الأمر مني للنجاح، ولم يكن في قلبي ذَرّة من خوف أو أدنى شَكّ.

بعد بضعة أشهر، قرر المالك إغلاق المكتب بعد إدراكه بأن وضعه سيكون أفضل حالاً بالتركيز على عمله من مسقط رأسه في جنوب أفريقيا. كان هناك المزيد من الوقت المتبقي لحين انتهاء عقد إيجار المكتب؛ فطلبت منه أن يمنحني فرصة أخيرة لمحاولة إنعاشه. لمدة ستة أشهر كنت أعمل حتى منتصف الليل في بعض الأحيان، وأحياناً كثيرة أنام في المكتب، وغالباً ما أعمل حتى يغلبني التعب. لكنني تمكنت من إبرام بعض الصفقات، وعَمِدْتُ إلى تطوير موقعٍ إلكتروني للشركة، وتوظيف مندوبي مبيعات وموظفة استقبال.

اليوم، أصبح السيد كريم أحد أقرب أصدقاء العائلة - علاقتنا بدأت بالثقة من جانبه. ومن جانبي فقد شكرته على ذلك من خلال العمل بكل تفانٍ وإخلاص، له ولأعماله.

ونتيجة للعمل المتميز الذي قمنا به، نجحنا في تجديد عقد الإيجار، ومن ثم تمكنت من بيع الشركة لاثنين من المستثمرين لقاء مبلغٍ يصل إلى 1.5 مليون درهم. واصلت العمل في الشركة بمنصب المدير العام، وتمكنت من زيادة عدد المتعاملين إلى خمسة وثلاثين. لكن وللأسف، حدث خلاف بين الشركاء وانخرطوا في معركة قانونية. ولأنني لم أكن جزءاً من خلافاتهم المستمرة، قررت أن أمضي قُدُماً، وأنضم إلى واحدة من أكبر مطوِّري العقارات في دبي.

لكن الحظ لم يكن حليفي هذه المرة، حيث تم إنهاء خدماتي بسبب الأزمة الاقتصادية التي بدأت في عام 2008 واستمرت حتى عام 2009.

حاولت العمل لصالح عدد من الشركات الأخرى، غير أن حالاً من عدم الاستقرار طغت على الأسواق، ما أدى بي للتفكير ملياً، والوصول إلى قرار اتخذت رحلتي بموجبه مَنْحىً آخر، وذلك في شهر يناير من عام 2009.

فقد قررت تأسيس شركة خاصة بي، وهي ما تُعرف اليوم باسم «اف أي إم العقارية»، ويبدأ معها فصل جديد من حياتي..

القسم الأول
رحلتي مع شركة اف أي إم العقارية

«النجاح لا يأتي صدفة..
إنه مزيج من العمل الشاق والمثابرة والتعلم والدراسة والتضحية..
والأهم من ذلك كله، أن تحب ما تفعله أو تحاول تعلمه».

- بيليه

الفصل الأول

نشأة «اف أي إم العقارية» في ذروة الأزمة الاقتصادية العالمية

أبرز النقاط

- مراحل اختيار اسم وتصميم شعار للشركة
- رجلٌ في مَهمّة
- الازدهار والانتقال لمكتب جديد
- 2013.. بعيدٌ عن «اف أي إم العقارية»
- العمل مع مجموعة عملاقة!
- لا شيء مستحيل
- فقدان القدرة على التفاعل في كل مجالات الحياة؛ باستثناء..
- الثقة بالنفس؛ هل هي صفة موروثة أم مكتسبة؟
- السقوط والبدء من جديد مرة أخرى
- سنة كاملة من التداعيات
- ضياع الفرص
- التقرّب أكثر من الله وأفراد العائلة
- حماية سمعتي المهنية
- 2015.. العثور على ذاتي مرة أخرى!
- التطلع إلى التوازن بين العمل والحياة
- ما الذي جنيته من كل هذا؟
- أولويات جديدة
- هل الوقت مناسب لاتخاذ القرار؟
- الأمور الجيدة تنبع من التحديات

بمجرد أن اتخذت قراري بتأسيس عمل خاص بي، استأجرت مكتباً بمساحة 1100 قدم مربع في برج آسبكت بمنطقة الخليج التجاري في دبي. أول عقد إيجار لي كان لمدة ثلاث سنوات ونصف. جدير بالذكر أن شركة اف أي إم العقارية بدأت بشخصين فقط - أنا وموظفة الاستقبال وتُدعى ميشيل.

مراحل اختيار اسم وتصميم شعار للشركة

لا أزال أتذكر أنني لم أكن مُتيقِّناً من الاسم الذي أريد أن أُطْلِقه على الشركة، غير أنني استوحيتُ الفكرة من بعض أكبر الشركات في دولة الإمارات العربية المتحدة التي عَمِدَتْ إلى استخدام الأحرف الأولى من أسماء مؤسّسيها؛ فقررت أن أُطْلِق اسم «اف أي إم» (fäm) طبقاً للأحرف الأولى من اسمي فراس المسدي. وكان الموجز الذي قدمته لصديقي الذي صمّم الشعار، كالتالي: «أريد أن يكون الشعار مُفْعماً بالطاقة، مع إحساس ومظهر لشركة خاصة وعالمية في الوقت ذاته». في الواقع، لقد قام بعمل جيد في تصوّر وتصميم الشعار.

رجُلٌ في مَهمّة

رغم مساحة المكتب التي كانت صغيرة نسبياً، إلا أنني وضعت جملة «مجموعة اف أي إم»، على واجهة المكتب الزجاجية، ولم يكن لدي أدنى تصور عن الشركات التي سأقوم بإدارتها في المستقبل. كنت - ولا أزال - رجلاً في مَهمّة!

بدايةً، كنت أفعل كل شيء بنفسي تقريباً بمعاونة ميشيل، بما في ذلك القيام بمهام الموارد البشرية، والتنظيم المستمر لقوائم العقارات المتاحة، والتسويق، والتصوير الفوتوغرافي ومقاطع الفيديو، والإعلانات، ومقابلة المتعاملين، والمفاوضات، وإبرام العقود، وكل شيء آخر مطلوب في ذلك الوقت.

الازدهار والانتقال لمكتب جديد

بعد نحو ثلاث سنوات من بدء العمل، انضم إليّ عبقريّ التكنولوجيا، شقيقي فاتح. كنا في وضعٍ يسمح لنا بتوظيف وتدريب المزيد من المندوبين والموظفين الإداريين. كما أننا انتقلنا إلى مكتبٍ أكبر، حيث كانت تبلغ مساحته 2200 قدم مربعة. واصلنا النمو بسرعة. وخلال عام ونصف انتقلنا مرة أخرى إلى مكتب أكبر في منطقة باي سكوير، بمساحة تصل إلى 7000 قدم مربعة، بعد أن قمت بشرائه.

2013.. بعيدٌ عن «اف أي إم العقارية»

بدأت في عام 2013 بتطوير مهاراتي لأصبح خبيراً عقارياً مُتمرِّساً، وقد مَهَّدَتْ سُمعتي الطريق لأحصل على مكانة مرموقة في مجال الوساطة العقارية – لدرجة أنه عُرِضَ عليّ منصب مُستشار عقاري لمجموعة شركات شهيرة مملوكة لعائلة شديدة الثراء.

أنهيتُ على وجهِ السرعة أوراق الاعتماد الخاصة بي، إلى جانب تجهيز سجل بإنجازاتي وتقديمه للمجموعة. وفي غضون عامين طُلِب مني العمل لأكون مديراً لعمليات الشؤون العقارية والتجارية في المجموعة. من دون أدنى تردد، أبديتُ موافقتي؛ ليس من أجل المال وإنما لاستكشاف الفرص واكتساب المزيد من الخبرة في سوق العقارات. وآلت مسؤولية العمليات اليومية في شركة اف أي إم العقارية إلى شقيقي فاتح – مدير العمليات – وبقية أفراد فريق العمل.

العمل مع مجموعة عملاقة!

إذا ما عدنا بالذاكرة إلى الوراء، أعتقد أن عام 2013 كان أفضل عام للتعافي جراء الانهيار الاقتصادي الذي أصاب العالم عام 2009. في تلك الفترة، توجب عليّ تكريس كل وقتي وجُهدي لإدارة وتطوير شركتي «اف أي إم» العقارية، ما يعود عليها بالربح. لكنني لم أدرك أهمية هذا الأمر إلا بعد أن واجهت بعض المُشكلات المُستعصية مع المجموعة العملاقة التي كنت أعمل بها. لقد كانت تمثّل عالَماً مليئاً بالبيروقراطية والسياسة الداخلية، وهو أمر لم أتوقع مواجهته أبداً، لا سِيّما أنني بدأت عملي الخاص كما أسلفت في سِنٍّ مُبْكِرة – كنت أرزَحُ تحت ضغط إدارة الشركة ضمن المجموعة العملاقة، والتعامل مع عالم من سياسات معينة لا يمكن التنبؤ بها – وكلها تأتي جنباً إلى جنب مع شركات بهذا الحجم وطبيعة العمل. إنّ الفرصة للعمل على هذا المستوى، مع كل ما يمكن التعرض له من مشكلات، كانت ببساطة أمراً لا يقاوم بالنسبة لشخص مثلي يُصرّ على النجاح.

لا شيء مستحيل

نمت المجموعة التي كنت أعمل فيها على نطاق واسع لتشمل قطاعات عدة، من تطوير عقاري إلى بيع بالتجزئة، وتأجير طائرات خاصة وطائرات هليكوبتر ويخوت فاخرة، وتجارة النفط والغاز، والعديد من المجالات الأخرى. كانت المتطلبات كثيرة، لكن كلمة «مستحيل» لا وجود لها في قاموسي من المُفْردات. كنت أعمل بجد – أواصل الليل بالنهار – ساومت

على حساب كل جانب من جوانب حياتي تقريباً. كنت أحلم بالنجاح وأترقب باشتياق لحظة تحوّل أحلامي إلى حقيقة، أو هكذا كنت أظن!

فقدان القدرة على التفاعل في كل مجالات الحياة؛ باستثناء..

النجاح رحلة لها ثمن، كما جميع الأشياء الأخرى في الحياة لها ثمن.. وفي حالتي أُطلِقُ عليه «ثمن أحلامي». في الحقيقة كنت شديد التركيز على عملي فقط، إذ كنت أولي وظيفتي الجديدة والمتطلبة اهتماماً أكبر، مع التركيز في الوقت ذاته على التوجه الاستراتيجي لشركة «اف أي إم»، الأمر الذي قادني إلى أن أصبح غير مدرك لما يدور حولي، وأفقد قدرتي على التفاعل مع أي شيء آخر في حياتي. لم يكن يشغل تفكيري سوى التقدم والتطور في العمل.

أتذكر بوضوح حين أخذت عائلتي في إجازة قصيرة، لم أستطع حينها أن أفصل نفسي عن العمل. لقد استغرقني الأمر ما يقرب من نصف الإجازة التي لم تدم سوى أسبوعين، للاستمتاع بالإجازة وإبداء «حضوري» بشكل واقعي - كنتيجة مباشرة لساعات عملي اليومية التي تستمر من الساعة 7:00 صباحاً حتى 11:00 مساءً، وساعات السفر التي أعمل فيها أيضاً.

الثقة بالنفس؛ هل هي صفة موروثة أم مكتسبة؟

ثمة سؤال يُطرح عليّ كثيراً، وهو من أين تأتي ثقتي بنفسي؟ ما جعلني أفكر في الإجابة بعُمق، ومشاركة أفكاري حول هذا السؤال. في رأيي الشخصي هناك نوعان من الثقة بالنفس:

النوع الأول الثقة الموروثة، حيث يولَدُ بعض الأشخاص بموهبة التواصل والتصرف بثقة، بغض النظر عن مستوى المعرفة التي يمتلكونها حول موضوع معين. وأنا لا يتم تصنيفي تحت هذه الفئة؛ فأنا لا أشعر بثقة كافية في التحدث عن موضوع لا أعرفه، أو لا أفهمه بشكل كامل.

أعتقد أن الثقة الموروثة يمكن أن تعمل لصالح الفرد عندما يتم دعمها بالمعرفة الحقيقية. والعكس صحيح كذلك، من شأنها أن تُشكّل عيباً في شخصية الفرد إن لم تكن مدعومة بالمعرفة.

أما النوع الثاني الثقة المكتسبة؛ فهي الثقة التي تتأصل من خلال الدراسة والتعلم وممارسة كل ما تتوق إلى أن تكون واثقاً فيه، وهي الثقة التي ترتكز في الأساس على المعرفة المدعومة بالحقائق، والثقة في معرفة ما تتحدث عنه تماماً.

يمكن القول إنني من النوع الثاني، إذ إن المعرفة تُعَد مصدر ثقتي عندما أتحدث عن أي شيء في هذه الحياة، وأحد الأسباب التي تجعلني أتطلع دائماً إلى أن أكتسب فَهْماً متعمقاً لأي مجال أخوض فيه.

السقوط والبدء من جديد مرة أخرى

بحلول نهاية 2013 ومطلع 2014، بدأت أشعر بالضغوط والإشكالية «البيروقراطية» بين مديري التنفيذي في المجموعة ومجلس الإدارة؛ ففي صباح أحد الأيام، وصلت إلى المكتب لأجد أنه تم تغيير مديري التنفيذي وتعيين مدير آخر. أما الأمر الذي بعث الدهشة في نفسي أكثر، فهو إقصاؤه وإجباره على مغادرة المؤسسة بعد أن ساءت علاقته مع فريق العمل، فضلاً عن المالكين. فما كان مني استباقاً للأحداث، سوى أنني تقدمت بطلب استقالتي ومضيت في طريقي بالتركيز على عملي الخاص مرة أخرى.

سنة كاملة من التداعيات

بعد مرور بضعة أسابيع، تلقيت خطاباً قانونياً ينص على مساءلات مفاجئة ومزعجة للغاية، ما كان له أثرٌ سلبيٌ وأدّى إلى تداعيات وخيمة بالنسبة لي استمرت لمدة سنة كاملة، في حين بدأت السُّلطات عملها المهني للبحث والتقصي وتحصيل أجوبتي على تلك المساءلات، وهنا يجب أن أقول إنني كنت محظوظاً للغاية، لأن هذه القضية حدثت في مكان مثل دبي، حيث الكلمة الفَصْل تعود للقانون فقط من دون السماح لأي ضغوط مهما كان نوعها بالتأثير في سير القضايا.

لقد كانت القضية مُعَقّدة للغاية، إذ استغرقت سنة كاملة كانت حافلة بالضغوط النفسية والكوابيس إلى حين تم إثبات أنه ليس لديّ صلة بأي من الأمور التي تم سؤالي عنها لمدة أشهر، والتي أعتبرها أحد أصعب الأوقات التي مررت بها في حياتي.

ضياع الفرص

طوال ذلك الوقت، كنت أمارس حياتي بشكل طبيعي وأتابع أعمالي في «اف أي إم» العقارية، على الرغم من الأفكار السلبية التي كانت تُداهِمُني من حينٍ لآخر، والقلق الدائم الذي يَنْتابُني بشأنِ «ماذا لو؟».. كل هذا دفعت ثمنه غالياً، حيث اضطرت أسرتي للسفر وحدها لقضاء إجازة. كما أنه فاتني حفل زفاف كريمة السيد كريم في جنوب أفريقيا التي كنت أعتبرها بمكانة ابنتي.

لقد عانيتُ كثيراً، ولم أكن أعرف إلى ماذا سيؤول هذا العذاب، وكيف سينتهي. وقد وصلتُ إلى مرحلة لم تَعُد تعنيني فيها الأموال التي جمعتها، أو النجاح الذي حققته. حقاً كان وقتاً صعباً للغاية.

التقرب أكثر من اللّه وأفراد العائلة

جديرٌ بالذّكر أن هذه التجربة المريرة جعلتني أقرب إلى اللّه عزَّ وجَلّ، وعائلتي أيضاً. في تلك الفترة، كان ابني الأكبر قد بدأ لِتوِّهِ الذهاب إلى المدرسة، وقد شكّل اصطحابه إليها كل صباح مصدر سعادةٍ بالنسبة لي - وهو الأمر الذي كاد أن يكون مستحيلاً إذا واصلت العمل بالطريقة التي كنت عليها سابقاً.

وما ساعدني أيضاً خلال تلك الفترة العصيبة من حياتي، إلى جانب مواظبتي على الصلاة ودعم زوجتي الكبير لي، إيجابية والديَّ ودعمهما، إذ إنهما استمرا في إخباري بأني سأخرج من هذه المحنة قريباً، الأمر الذي قادني للتركيز أكثر على حقيقة أنني لم أفعل شيئاً سوى الصواب، وقد عزّز ذلك إيماني الراسخ بأن اللّه سوف يكون دائماً في عوني.

حماية سمعتي المهنية

مما لا شك فيه، أن النجاح يتركك مع الكثير من «الحاقدين» والمنافسين بشكل غير أخلاقي الذين يتوقون إلى تحقيق أقصى استفادة على حسابك، خاصة عند مواجهتك لتحديات صعبة. لهذا السبب، اعتمدت على ثقتي في سجل عملي وسمعتي مع المستثمرين - وبدأت في التواصل مع جميع عملائي وأخبرتهم بما يجري لي. كم كانت فرحتي عارِمَة، غير أنني في الوقت ذاته شعرت بارتباك شديد، عندما أظهروا استعدادهم المطلق لمساعدتي بأي شكل كان. باختصار، المصداقية والنزاهة والعمل والقيام بواجبك بشكل جاد المنبع الحقيقي للنجاح.

2015.. العثور على ذاتي مرة أخرى!

في بعض الأحيان كنت أتمنى تغيير مُقارَبتي للعمل بشكلٍ جذْري من دون الاضْطِرار إلى المرور بهذه الظروف الصعبة، لكنني أدركت من خلال تلك التجارب أن خيط النجاح من الممكن أن ينقطع لأي سبب من الأسباب وفي أي وقت كان، على الرغم من مدى استقامة ونزاهة الشخص؛ يا تُرى لماذا؟ لأن الرياح لا تأتي دوماً بما تشتهي السفن.

أنا مسرورٌ للغاية من تأسيس فريق ومنصة عمل شركة اف أي إم العقارية التي لطالما نجتْ من العثرات، واستمرت في التطور والنمو

تحت إدارتي وتوجيهاتي. كنت أذهب للعمل من المكتب بضعة أيام في الأسبوع، لكنني في أغلب الأوقات كنت أديرها عن بُعد؛ فتجربتي مع المجموعة التي عملت فيها سابقاً أثّرت في شخصيتي من الأعماق.

التطلع إلى التوازن بين العمل والحياة

بعد تحقيق الاستقرار المالي وبلوغ بعضٍ من أهدافي عبر مجموعة اف أي إم ، قررت أنه قد حان الوقت لبدء النظر في مسألة التوازن بين العمل وحياتي الخاصة.

حتى اليوم، تراودني الشكوك حول تجربتي في العمل الدرامية السابقة، إذ أعتقد أنه لو لم تكن لديّ القدرة على التحمل، فلربما كان العمل هو المسيطر على حياتي حتى الآن، وأنا في حال من التجاهل المستمر لمباهِجِ الحياة. وعلى الرغم من أنني كنت أشعر بالضياع في بعض الأحيان، إلا أنني تمكنتُ من التخلص من المشاعر السلبية وإعادة ضبط عزيمتي للخروج من هذا الوضع، والبدء في استعادة حيويتي للحياة والعمل معاً.

ما الذي جنيته من كل هذا؟

حصدت الكثير من الإيجابيات خلال تلك الأوقات الصعبة؛ فوثّقتُ علاقتي مع اللّه وأفراد عائلتي.

كما عرفت أصدقائي الحقيقيين الذين وقفوا بجانبي. في الواقع، فزت بصداقة جديدة، وقد كان لهذا الصديق المذهل قول مأثور يرفع من عزيمتي ويجعلني أشعر بتحسن على الدوام، وقد أعرب عن هذا القول من خلال القصة التالية:

ذات مرة، طلب ملكٌ من وزيرِهِ الحكيم أن ينقش له على خاتمه جملة «إذا قرأها وهو حزين فَرِحْ»، وإذا قرأها وهو سعيد حَزِنَ؛ لكن الوزير عِوَضاً عنها اختار جملة «هذا الوقت سوف يمضي!».

فما مدى صحة هذا القول؟ بالنسبة لي سواء كان الوقت جيداً، أو عصيباً، فإنه يمرُّ ويمضي بنا حتماً. إضافة إلى ذلك تعلمت أشياء أخرى، بما في ذلك رؤية أكثر عُمْقاً للحياة، وفَهْماً أعمق لما أريد وإلى أين أريد أن أصل، وقدرةً على التركيز في تنمية أعمالي أكثر من ذي قبل.

أولويات جديدة

بعد التعمق في تجربتي اتخذت قراراً مهماً، ألا وهو الاستفادة مما تعلمت وخضت من تجارب، واستخدامه للتحرك قُدُماً من أجل حياة

أفضل. أردت أن أتأكد من أن ما حصلت عليه من خلال هذه التجربة سيأتي بثماره لتحسين طريقتي في العيش والتفكير. وبالفعل، أعدت ضبط أولوياتي في الحياة ومنحت المزيد من الوقت لأفراد عائلتي والأصدقاء الحقيقيين والأشخاص المهمين في حياتي.

هل الوقت مناسب لاتخاذ القرار؟

بعد عامٍ من الكفاح، كان هناك قرار واحد قد تبقى لي، وهو هل أواصل العمل وتقديم المشورة عن المعاملات العقارية لصاحب العمل السابق، أم ماذا يتوجب عليّ فعله؟ وجاءت الإجابة عن السؤال بـ «نعم».

منطقي في ذلك، أنني أردت الاستمرار في عقد صفقات كبيرة، ما يدفعني للتعامل مع مؤسسات كبيرة ومؤثرة والأفراد من أصحاب الثروات والنفوذ. فعلى سبيل المثال لا الحصر، صفقة بقيمة 100 مليون دولار أميركي لا يمكن أن تتم إذا كنت تتعامل مع أفراد عاديين، أو شركات صغيرة.

في الوقت ذاته، أتاح العمل مع صاحب العمل السابق الفرصة لي لأستمر في رفع رأسي عالياً، من دون أن أنظر إلى تجاربي السابقة، لأنه لم يكن لدي ما أخجل منه أو أخفيه، وهو ما شَدَّد عليه أصحاب العمل السابقين على أنني لم أفعل شيئاً خاطئاً.

وهكذا استأنفت العمل واستمررت معهم في إدارة عقاراتهم إلى يومنا الحالي، لكن على مستوى الأعمال التجارية وحسب، وليس كجزء من المجموعة. ولا أزال أفتخر بصداقة أشخاص نبلاء مثلهم.

الأمور الجيدة تنبع من التحديات

كنت مخطئاً في الانضمام إلى منصة لم تكن لتتماشى مع ما أطمح إلى تحقيقه في الحياة، الأمر الذي شكّل أكبر دافع لي لتطوير شركتي الخاصة «اف أي إم» العقارية والارتقاء بها إلى آفاق جديدة. لقد اخترت ما هو مناسب لي وحياتي المهنية.

*****

هذه قصتي حتى الآن.. لقد مررت بأوقات جيدة وأخرى صعبة، لكنني تعلمت الكثير واكتسبت أكثر، ليس الاستقرار والنجاح المالي وحسب، بل الفَهْم المُتعمّق لقطاع العقارات – وقبل كل شيء، المعنى الحقيقي لبعض القِيَم والمفاهيم، مثل الأخلاق والعائلة والأصدقاء والعمل وغيرها.

هل أنت مستعد لمعرفة المزيد عن الاستثمار العقاري؟ هذا الكتاب سيأخذك في جولة مفصلة للتعريف بجوانب هذا المجال. في القسم التالي، سوف نتعرف إلى السبب الحقيقي وراء اعتبار الاستثمار في العقار استثماراً ناجحاً، وما الذي يجب القيام به وما يتوجب تجنبه أيضاً حتى تُحْدِثَ فرقاً كبيراً في نجاح استثمارك العقاري؟

عند قراءتك لهذا الفصل من الكتاب، فإن استيعابك لإمكانات الربح في الاستثمار العقاري سيختلف بشكل جذري، وبالتالي يجب أن تكون على أتم الاستعداد لتقرر ما إذا كان هذا المسار مناسباً لك، أم لا.

وقبل أن نصل إلى هذه النقطة، سأقدم لك أولاً في الفصل التالي من هذا القسم مجموعة اف أي إم بإيجاز، وكيف تطورت لتصبح مجموعة كبيرة وناجحة ومهمة على هذا النحو في دولة الإمارات العربية المتحدة.

الفصل الثاني

نمو شركة اف أي إم العقارية وازدهارها

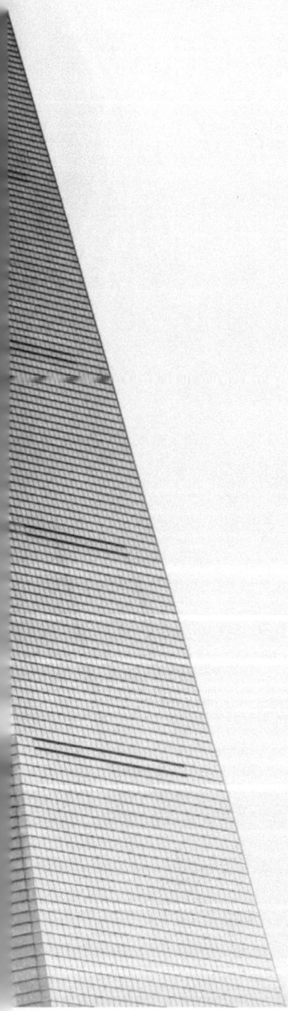

أبرز النقاط
- توسيع آفاق العمل.. شراكات ومشاريع جديدة؛ بناء مجموعة اف أي إم..

في الفصل السابق، كنت قد أشرت إلى أنني مررت بأوقات عصيبة. فكّرت ملياً ما الذي يمكنني فعله من أجل الارتقاء بالشركة التي بدأت تكبر؛ إذ واصلنا في تحقيق إنجازات جديدة، فضلاً عن النمو والتوسع على الصعد كافة. واهْتَديتُ أخيراً إلى فكرة استقدام خبيرٍ مُختصٍّ بتطوير استراتيجيات المؤسسات العالمية، لإدارة ورشة عمل لمدة خمسة أيام، بغرض المساعدة على تحديد ماهية الشركة واستراتيجيتها؛ والإجابة عن تساؤلات لطالما كانت تُراوِدُني، بما في ذلك لماذا.. وكيف.. ومتى وغيرها، ما قادني في نهاية المطاف بوصفي رئيساً تنفيذياً، إلى الرؤية والرسالة والقِيَم الرئيسة التي أردتها لشركتي، وبالتالي وضع الأهداف والخطط المستقبلية. وفي وقت لاحق من تاريخ عقد ورشة العمل، قررت نقل الشركة إلى مستوى جديد، وشرعت في افتتاح فروع لها، بالطبع بعد إجراء بحثٍ عن مناطق مناسبة على نطاقٍ واسع، وهو ما تم بالفعل، إذ عثرت على مكتبين تجاريين جديدين وقمت بشرائهما. كما أنني استأجرت محال تجارية لتكون فروعاً جديدة لنا.

توسيع آفاق العمل.. شراكات ومشاريع جديدة؛ بناء مجموعة اف أي إم..

2009

- تأسيس شركة اف أي إم للعقارات.

2016 – 2014

- إطلاق شركة **اف أي إم للتصميم الداخلي** عقب شراكة مع إحدى الجهات، انتهت باستحواذي على هذه الشركة بالكامل في عام 2016.
- تأسيس **اف أي إم ميديا 7/24** للإعلانات الخارجية، مناصفة مع إحدى كبرى شركات الإعلام الموردة للإعلانات الخارجية في دولة الإمارات العربية المتحدة.
- تدشين شركة **اف أي إم للوساطة التجارية.**
- إطلاق **اف أي إم جلوبال للعقارات**، أبوظبي.
- تشكيل **اف أي إم جلوبال ميديا للإعلانات الخارجية**، أبوظبي.
- تأسيس شركة **اف أي إم للفحص الهندسي للعقارات.**

2019 – 2016

- اكتسبت شركة **اف أي إم لبيوت العطلات** شهرة واسعة في غضون

- 3 سنوات منذ تأسيسها، لتصبح واحدة من كبرى الشركات المرموقة في مجال منازل العطلات بالمنطقة، إذ تدير منازل للعطلات بكلفة تزيد على ملياري درهم في أرقى مناطق دبي، بما في ذلك سيتي ووك، والوسط الجديد لمدينة دبي (داون تاون)، ومرسى دبي، وجزيرة بلو ووترز، ونخلة جميرا وغيرها.
- واصلت شركة اف أي إم للعقارات نموها عبر تدشين فروع ومكاتب جديدة لها، وقد وصل عدد الموظفين إلى أكثر من 200 بحلول نهاية عام 2018.
- الاحتفاء بالذكرى السنوية العاشرة على تأسيس مجموعة اف أي إم، وذلك في نهاية عام 2018.
- جاءت «اف أي إم للعقارات» ضمن أوائل شركات العقارات في السوق المحلي، من حيث المبيعات وقيمتها الإجمالية على النحو المعترف به بموجب سجلات دائرة الأراضي والأملاك في إمارة دبي.
- تجاوزت مبيعات «اف أي إم للعقارات» 3,5 مليارات درهم في عامي 2017، و2018.

2020 ..

بدأنا عام 2020 وقد اعترتنا مشاعر الفخر والسعادة بنجاحنا الساحق؛ فقد تجاوزت مبيعات الشركة ما يناهز 12 مليار درهم في كل من إمارتي دبي وأبوظبي.

كما أننا جميعاً من دون استثناء كنا نترقب افتتاح إكسبو 2020 دبي الذي كان مقرراً في شهر أكتوبر، غير أنه تم تأجيله بسبب تفشي فيروس كورونا. وعلى الرغم من هذه الجائحة، إلا أننا تمكنا من مواجهة التحديات وواصلنا النمو، حيث قمنا بما يلي:

- افتتاح مكتب كبير في مرسى دبي، فضلاً عن فرع ضمن مجمع فيلا نوفا السكني في دبي لاند، وفرع بمنطقة الفرجان، وآخر في منطقة جميرا بارك.
- تأسيس شركة اف أي إم لإدارة مشاريع التطوير العقاري.
- التطوير والتخطيط لعمليات استحواذ جديدة ضمن مراحل النمو والتوسع في الإمارات العربية المتحدة، والصين والمملكة المتحدة.

*****

لا عِلمَ لأحد بما يُخبِّئه المستقبل؛ وبالنسبة لي، أنا أثق بقدراتي وأعلم أنني أُكِنُّ في داخلي نوايا حَسَنة. سأواصل رحلتي في سبيل نمو وتطوير

وتعزيز قدراتي على الصُّعِد كافة. علاوةً على ذلك، أنا على أتم الاستعداد لمشاركة خبراتي ومعرفتي المهنية والشخصية مع أكبر عدد ممكن من القراء، على أمل أن تُسهِمَ في تحسين أوضاعِهم نحو الأفضل.

وبينما كنت أضع اللمسات الأخيرة على هذا الكتاب، يستمر العالم من حولنا بالتغيير، لكن نهج مجموعة اف أي إم ثابت لا يتغير؛ فلا تَهاوُنَ في إدارة الأعمال بنزاهة والاهتمام بالمتعاملين. كما أننا نُولي أدق التفاصيل الاهتمامَ الكبير مدفوعاً بالاستثمار المتواصل في تكنولوجيا العقارات أو ما يُعرف بـ «بروبتك»، وفي دراسة وتحليل البيانات ذات الصلة بأداء الأسواق والمشاريع العقارية.

العمل بنزاهة وأمانة يجعل منك مصدر ثقة للجميع، الأمر الذي يقود لنجاحات مستمرة.. تذكّر دائماً، عندما يثق بك الناس، فإنهم يطمحون للعمل معك بشكل يفوق توقعاتك.

القسم الثاني

عالم الاستثمار العقاري

«لا يمكن للعقار أن يختفي، أو يضيع، أو يُنْقَل من مكانه! إذا تم شِراؤه بحسٍّ سليم، ودُفِعَ ثمنه بالكامل، وتمت إدارته بعناية، فهو يُمثِّل الاستثمار الأكثر أماناً في العالم».

ـ فرانكلين د. روزفلت

الفصل الثالث

الاستثمار في العقارات يُعَد من أفضل أنواع الاستثمار وأكثرها نجاحاً؛ لماذا؟

أبرز النقاط

- لِمَ تفشل الغالبية العظمى في تحقيق أهدافها، بينما تتمكن القلة القليلة من الوصول إلى القمة في عالم المال والأعمال؟
- الفوائد الرئيسة للاستثمار في العقارات:
  - **فوائد كمية**
    — الضمان
    — الاستقرار
    — السهولة والبساطة
    — الاستثمار الآمن
    — تحقيق الأرباح
    — المحافظة على الثروة والأموال
    — المرونة في طرق الاستثمار والموقع الجغرافي
    — مكاسب رأس المال عند إعادة بيع العقار (Capital Gain)
    — الرافعة المالية – المرونة في استخدام التمويل البنكي لزيادة نسبة الأرباح على المبلغ المُسْتَثْمَرْ
  - **فوائد نوعية**
    — نفوذ وعلاقات عامة
    — أمان وراحة نفسية
- أسرار ستة لاستثمار عقاري آمن وناجح
  - **التنوع مفتاح النجاح**
  - **تقييم المخاطر**
  - **إيجاد «شريك المعرفة» مثالي مُلِمّ ببواطنِ الأمور**
  - **مقارنة الفرص والانتقاء بشكل جيد**
  - **الثقة بالنفس**
  - **عدم الانقياد وراء لذّة النجاح**
- هل ترغب بمعرفة المزيد؟

هل سبق لك وأن تساءلت يوماً كيف نجح واحد في المائة من سكان الأرض بالتربع على عرش العالم بثرواتهم؟ ربما قد تسنى لك مقابلة، أو سمعت عن هؤلاء الذين نجحوا في جمع ثرواتهم نتيجة لإبداعهم في مجال معيّن، وغالباً ما تنظر أنت وغيرك لهم بعين التقدير وتطمح إلى أن تصبح فرداً ناجحاً على غِرارِهم!

ما داموا قد عبروا طريق النجاح؛ حتماً يمكنك ذلك أيضاً. إذاً، ما الذي قد يُشكّل عائقاً أمام العديد منا للمُضِي قُدُماً مثلهم؟ ولِمَ الغالبية العُظمى تفشل؟ الإجابة عن هذا السؤال بسيطة للغاية، وهو أن الكثير من الأفراد يستثمرون في مشاريع لا ناقة لهم فيها ولا جمل، إذ إنهم لا يمتلكون الخبرة الكافية، ولا يستثمرون الوقت الكافي لدراستها، ويعمدون إلى اتخاذ قرارات غير محسوبة، وبالتالي غير مُجْزِية. قد يكون من الصعب تقبّل هذا الأمر، لكن هذه هي الحقيقة. في هذه الحال، ما الذي يمكنك فعله إذا أردت النجاح في مشروعك التجاري الذي اخترته لنفسك؟ الإجابة بسيطة أيضاً:

يجب أن تَتَّسِم بالوعي والحذر الشديدين، وألا تستخف بالأهمية الكبيرة والأساسية لدراسة السوق باسْتِفاضة، وتأكد من اطّلاعك باستمرار على كل ما هو جديد، حتى وإن كان أداء السوق الذي تستهدفه جيداً ومربحاً، يمكن لقراراتك الخاطئة أن تجعل استثماراتك غير ناجحة. اتخذ الخطوات الصحيحة لضمان تقليل المخاطر وتعظيم إمكاناتك للربح. لذلك، فإن كل ما أتحدث عنه في صفحات هذا الكتاب، وتحديداً هذا الفصل، يؤكد على أهمية اتخاذ قرارات مستنيرة.

العقارات مجال يمكن أن يجلب لك ثروة أكثر من أية صناعة أخرى، فقط في حال تمكنت من فَهْمِ آلية عملها بشكل أكثر وضوحاً. لقد سمعت قصصاً عدة لأشخاص حققوا ثروات غيّرت مجرى حياتهم عن طريق الاستثمار في العقارات. وعلى الرغم من ذلك، إلا أنني رأيت أيضاً أشخاصاً اتخذوا قرارات كارثية غير محسوبة ومن دون إجراء أية دراسات وافية، ما أدى في نهاية المطاف إلى خسارتهم وفقدان أموالهم. وهنا تجدر الإشارة إلى أنه عندما يتبع بعض الأشخاص مسار الغالبية العظمى (سياسة اتباع سلوك القطيع)، خاصة خلال أوج وازدهار الأسواق؛ فإنهم يميلون إلى التركيز على الأمثلة الجيدة لأشخاص نجحوا في استثماراتهم، ويتغاضون عن دراسة المخاطر ولا يقومون بتقييمها.

ستجد أيها القارئ في هذا الكتاب، ما يؤكد لك قناعتي الراسخة بأن الاستثمار في العقارات هو استثمار مُجْزٍ للغاية، وليس مجرد قناعة

سطحية. كما أنني تطرقت أيضاً، إلى الكثير من معرفتي العملية حول كيفية تقييم المخاطر المرتبطة بالاستثمار وتعظيم فرص الربح.

لكن قبل الانطلاق في عالم الاستثمار العقاري، إما بوصفه عملاً إضافياً لمهنتك الحالية أو تجارتك، أو بوصفك مستثمراً عقارياً ذكياً، أو ببساطة مالكاً لمنزل، عليك أن تتذكر المبدأ الأساسي التالي، وهو:

يجب عليك الاستثمار فيما يمكنك التحكم به، وتحكّمك يعتمد على مدى فَهْمِكَ وخِبرَتِك.

وإلى أن نصل لنهاية هذا الفصل، سوف تتكون لديك فكرة واضحة عن السوق، وستعرف السبب الحقيقي الذي يجعل الاستثمار العقاري عملاً مُربِحاً بالفعل. وسوف تشهد أيضاً، كيف تستثمر فيما يمكنك التحكم فيه بما يتوافق مع اهتماماتك وأهدافك.

الفوائد الرئيسة للاستثمار في العقارات

قبل الخوض أكثر في عالم العقارات، هذه نظرة على الفوائد الرئيسة التي تجعل من الاستثمار العقاري أمراً جيداً:

- الضمان
- الاستقرار
- السهولة والبساطة
- الاستثمار الآمن
- تحقيق الأرباح
- المحافظة على الثروة والأموال
- المرونة في طرق الاستثمار والموقع الجغرافي
- مكاسب رأس المال عند إعادة بيع العقار (Capital Gain)
- الرافعة المالية – المرونة في استخدام التمويل البنكي لزيادة نسبة الأرباح على المبلغ المُسْتَثْمَرْ
- نفوذ وعلاقات عامة
- أمان وراحة نفسية

فأينما كنت، يمكن للعقارات أن تُشكّل استثماراً رائعاً؛ ففي عام 2009 انخفضت أسعار العقارات بإمارة دبي إلى مستويات غير مسبوقة، ثم عادت لترتفع إلى الضعف بحلول عام 2013. وهكذا، يتضح للجميع لماذا يمكن للعقارات أن تكون استثماراً مُجْدِياً، الأمر الذي أشرت إليه آنِفاً في مقدمة الكتاب. ليس في دبي وحسب، وإنما في مختلف أسواق العقارات حول العالم، وهو ما خَلُصْتُ إليه من تجربتي الخاصة.

وعبر إِلْمامِكَ الكافي ومراقبتك لتغيرات ودورات السوق العقاري ومعرفتك بالاستراتيجيات التي تُمكِّنُك من تحديد فرص الشراء والبيع وتوقيتها، والتي بدورها تزيد من أرباحك، فإنه يُمكِنُك النجاح مهما كان المجال الذي تستثمر فيه.

سنتعمق أكثر في هذا الموضوع ضمن القسم الثالث من الكتاب، ولكن دعنا الآن نستكشف معاً الفوائد الرئيسة للاستثمار في العقارات، عبر الصفحات التالية.

بادئ ذي بدء، ثمة نقاط مهمة يتوجب التفكير بها، وهي:

- لضمان استثمار ناجح في العقارات، عليك دراسة السوق باستفاضة ودقة واجتهاد، وهذا أمر لا مفر منه.
- تذكر أنك المسؤول عن أموالك التي يتم استثمارها – حتى لو كنت أحد المتعاملين وتقوم باستثمار أموالك من خلال مستشار للعقارات – فإنك لن تنجح إن لم تقم بعملك بوصفك مُسْتَثْمِراً على أتم وجه، بما في ذلك الاطلاع والبحث المستدام والابتعاد عن الأشخاص غير النزيهين، وبذل الجهد لاتخاذ القرارات المناسبة.
- الاستثمار السليم يتطلب الوقت والمال والجهد، ويُعَد مسؤولية كبرى، وعليك الارتقاء بنفسك إلى ذلك المستوى.

إذاً، بعد أخْذِ ما ذُكِرَ أعلاه في الاعتبار، فلنَسْتَفِد منه إلى أقصى حد. سأشاركك أفكاري حول كل نقطة، بناءً على تجربتي الخاصة وبصفتي أحد الخبراء في هذا المجال.

الفوائد الكمية

الضمان

الاستثمار في العقارات من شأنه أن يوفر العديد من الضمانات؛ كيف؟

ثمة أنواع من الاستثمار مختلفة، وجميعها من دون شك تنطوي على مخاطر متفاوتة. لكن عند التفكير بعقلانية، فلا بد من البدء أولاً بالاستثمار الذي يجمع بين أقل المخاطر وإمكان النمو وتحقيق الربح بشكل مقبول. بالنسبة لي، وبمجرد أن حصلت على جزء معقول من ثروتي جراء الاستثمار منخفض المخاطر، كان من البديهي أن أمضي في البحث عن فرص أخرى أكثر خطورة وأكثر ربحية. لكن إلى أي مدى؛ فهذا رَهْنٌ بمدى استعدادك لتَقَبُّل الخسارة في حال حدوثها، وأهدافك التي ترغب في تحقيقها، وميزانيتك والسيولة النقدية المتوافرة لديك، وأي عوامل أخرى خاصة بك.

ولطالما حرصت على أن ترقى أفعالي إلى المستوى المطلوب من الإعداد والتخطيط لتحقيق أهدافي، بما في ذلك الاستثمار بالعقارات، حيث يكمن

الهدف الرئيس في الاستثمار بأصول تحافظ على قيمتها ولا تتأثر كثيراً في حال عصفت بالأسواق أية أزمة، لكن في الوقت ذاته تتيح الفرصة لتحقيق ربح أعلى على مستوى الأسواق خلال الأوقات الجيدة، الأمر الذي يشكّل ضماناً مثالياً في عالمنا الديناميكي.

الاستقرار

العقارات،أم التحوّط في التعاملات المالية والحد من مخاطر تداول العُملات الورقية!

عند البحث في التطور التاريخي للعملات، ندرك جيداً أن العُملات الورقية قد تفقد قيمتها في أي وقت، وهو ما يحدث فعلاً في زمننا هذا، إذ كثُرَت التكهُّنات حول المدة التي ستستمر فيها العُملات الورقية قبل أن تختفي (المقصود هنا العُملات الصادرة عن الحكومات)، لكونها لم تعُد مدعومة من أي احتياطي ذهب كما كانت عندما بدأ تداولها في الماضي. وهناك في الوقت الحاضر الآلاف من العُملات المشفرة المتاحة التي تشكّل بدائل محتملة لاستخدامها مستقبلاً عِوَضاً عن العُملة الورقية. ومع استمرار العُملة الورقية النقدية؛ فثمة مخاطر عدة تنطوي على الاعتماد الكلي عليها.

على سبيل المثال وصلت قيمة 1.8 ليرة تركية إلى ما يعادل دولار أميركي واحد في عام 2012، في حين انخفضت قيمتها في عام 2020، إذ أصبح الدولار الأميركي الواحد يعادل 7.63 ليرات تركية. لفَهْم هذه المعادلة بطريقة أسهل، إذا كنت قد استثمرت نقودك في شراء عقار بقيمة 1.8 مليون ليرة تركية في عام 2012، فإنه سعره اليوم قد يصل إلى 7.6 ملايين ليرة، لكن إذا احتفظت بالمبلغ الذي يناهز 1.8 مليون ليرة نقداً، فإنك لن تستطيع شراء ربع هذا العقار بهذا الثمن.

هذا مجرد مثال بسيط يوضح كيفية حماية قيمة ما تمتلكه من نقود عن طريق الاستثمار في أصول من شأنها أن تحد من خسارة ثروتك. وهناك العديد من الأمثلة التي تقود إلى انخفاض قيمة الأموال، بما في ذلك عمليات طباعة النقود اللا محدودة التي تؤدي، عاجلاً أم أجلاً، إلى الانهيار التام.

السهولة والبساطة

مما لا شك فيه أن تعلُّمَ وفَهْمَ مبادئ السوق الأساسية من شأنه تعزيز الثقة بالنفس. لطالما كنت أقول إننا نستثمر من أجل تحسين حياتنا والارتقاء بها إلى الأفضل، وليس للدخول في دوّامة التوتر والقلق، وبالتالي الشعور بالضغط النفسي.

أحد أشكال التوتر النفسي ينجم في حال استثمارك في مجالات تفْتَقِر إلى المعرفة الكاملة بها، سواء تلك التي تتعلق بالقواعد واللوائح الخاصة بالاستثمار، أو ببساطة عدم الإلمام بالمبادئ الرئيسة.

إن راحة البال وضمان النمو والازدهار في الأعمال يعتمد بشكل كبير على مدى معرفتك وفَهْمَك لما أنت مُقْبِلٌ عليه.

الخبر السار في هذا السِّياق، وأقول هنا بكل ثقة، أن المجال الأنسب للاستثمار هو العقارات؛ فالعديد من الأفراد يمكنهم استيعابه بسهولة، إذ إن الغالبية العُظْمى منهم تعيش تحت سَقْفِ منزل، سواء كان مِلْكاً أو تم تأجيره، وبالتالي فإن تَمَلُّك العقارات يُعَد من الاستثمارات التي لا تتطلّب تعليماً مُعقّداً، أو مهارات مُتَخصّصة أو نوعيّة، خاصة عندما تجد من يُسْدِي النصيحة لك ويَعْمَد إلى توضيح كل ما تحتاج لمعرفته في هذا المجال.

لا داعي للقلق؛ فبعد قراءتك لهذا الكتاب أضمن أنك ستكون قادراً على الخَوْض في سوق العقارات بكل ثقة.

الاستثمار الآمن

السيولة النقدية والحصول على دخل إضافي والتأكد من استثمار الأموال بشكل أكثر أماناً. عندما تقوم بتجميد الأموال عبر إيداعها في البنوك، اعلم جيداً أنك تُفَوِّت الفرصة لمضاعفتها، إذ يمكنك الاستفادة منها عبر استثمار جزء منها بشكل آمن في عقار بوصفه استثماراً جزئياً أساسياً ضمن خططك للادخار وتنمية أموالك على المدى الطويل.

تجدر الإشارة هنا إلى أن تجميد الأموال في الوقت الراهن، من شأنه أن يعود على الفرد بالخسارة، وحتى في المستقبل؛ فثمة مخاطر عدة تحيط بالعملة النقدية بسبب التضخم أو حتى انهيارها، كما ذكرت آنفاً.

كما يتوجب علينا ألا ننسى ما حدث لأصحاب الشركات والأعمال خلال تفشي جائحه كورونا في عام 2020، والإغلاق الذي فُرض على العالم أجمع، إذ لم يتمكن الغالبية من جني الأرباح. ليس ذلك وحسب، بل كان عليهم ضَخ المزيد من الأموال لدعم استثماراتهم والمحافظة على أعمالهم والحيلولة دون إفلاسها. وهنا تبرز العقارات المؤجرة بوصفها أحد مجالات الاستثمار القليلة التي استمرت بتوفير دخل إضافي، في وقت كان التدفق المالي يُعَد ذا أهمية فائقة أكثر من أي شيء آخر. لكن في الوقت ذاته عليك أن تُدرِك أيضاً، أن الاستثمار في العقارات، كما ستتعلم في الفصول اللاحقة، لا يتعلق فقط بإنتاج دخل إضافي، بل أيضاً بمستوى الربح المضاف إلى رأس المال (Capital Gain) الذي لن يمكنك الحصول عليه عبر تكديس الأموال في البنوك لقاء فوائد سنوية.

تحقيق الأرباح

الاستثمار في سوق العقارات يُعَد الأفضل لتحقيق الربح. إضافة إلى فرص الربح التي يُدِرُّها الاستثمار في عقارات مدفوع ثمنها نقداً بالكامل، يُعَد الاستثمار العقاري أحد أكثر أنواع الاستثمارات أماناً مع إمكانية استخدام الرافعة المالية، إذ يمكن تحقيق نسبة عوائد أكبر بكثير على المبلغ النقدي المُستَثْمَر عند اللجوء لقرض عقاري من أحد البنوك ودفع جزء من قيمة العقار، الأمر الذي يمنحك فرصة رائعة لزيادة نسبة الأرباح على المبلغ النقدي الذي قمت باستثماره.

على سبيل المثال، إذا عَمِدتَ إلى شراء عقار بمليون درهم ويوفر بعد تأجيره دخلاً سنوياً يصل إلى 50 ألف درهم، فإن نسبة العائد على الاستثمار (ROI) في هذه الحال تصل إلى 5 في المائة. ولكن، إذا قمت بتمويل العقار نفسه بعد الحصول على قرض مصرفي بنسبة 60 في المائة (600 ألف درهم)، ودفع 40 في المائة (400 ألف درهم) من جيبك الخاص، فإن دخل الإيجار السنوي البالغ 50,000 درهم يُشكِّل 12.5 في المائة من إجمالي العائد على المبلغ النقدي المُستَثْمَر (ROE).

إن القرض المصرفي الذي استُخْدِمَ في الاستثمار بالعقارات يُمَكِّن من زيادة العائدات أضعافاً مضاعفة، لكن يجب توخي الحذر ودراسة نسبة التمويل العقاري من إجمالي سعر العقار حتى لا تبالغَ في مخاطر التمويل، لكون ذلك يتعارض مع هدف الاستثمار الآمن، لذلك ينبغي عدم الإفراط في استخدام القروض لتمويل الاستثمار العقاري، حتى لو كان ذلك يعني تحقيق نسبة ربح أقل عن المبلغ المُستَثْمَر.

لكن في حال كنت أحد الأفراد الذين يتّسمون بالمخاطرة – حتى تحقق أرباحاً أعلى بكثير – فإنه يمكن إعادة استثمار دخلك الإضافي، أو أي مكاسب لرأس المال الخاص بك، بوصفها دفعة جزئية لشراء عقار جديد واستخدام قرض مصرفي لتمويل بقية سعر العقار، بطريقة تجعل من المخاطرة أمراً مقبولاً ومعقولاً. بعبارة أخرى، إذا كنت تمتلك مليوناً فقط، فلا تستثمرها في عقار بقيمة 10 ملايين، بإضافة قرض مصرفي يصل إلى 9 ملايين. هذا النوع من الاستثمار محفوف بالمخاطر ويقضي على الهدف الرئيس من الاستثمار العقاري، على الرغم من أن هذه المخاطرة قد تجلب لك المزيد من الأرباح في حال ازدهار الأسواق.

يقولون: «الربح الأعلى غالباً ما يكون مصحوباً بمخاطر أكبر». ومع ذلك، إذا استثمرت مليوناً في عقار ما، وبعد بضع سنوات قمت ببيعه مقابل 1.5 مليون، فإنه يمكنك المخاطرة بإعادة استثمار 300 ألف أو 400 ألف من أصل 500 ألف – الربح الذي حصلت عليه جرّاء بيع العقار في صفقة

ذات رافعة مالية من شأنها أن تُدِرَّ عليك رِبحاً مُضاعَفاً. المخاطرة هنا تكْمُن في خسارة جزء من، أو معظم الـ 300 ألف أو 400 ألف، وهو المبلغ الذي قمت باستثماره، غير أن فرصة مضاعفة رأس المال المُستَثْمَر تكون عالية، ويمكنك في الوقت ذاته الاحتفاظ بمبلغ المليون الأساسي الخاص بك في عقار آمن مدفوع ثمنه بالكامل.

ما أردت توضيحه هنا، أنه يمكن القيام بمخاطرة أكبر على جزء من الأرباح، ولكن ليس على رأس المال الأساسي. سأتحدث أكثر عن كيفية الاستخدام الآمن والحكيم للقروض المصرفية في الفصل التاسع.

المحافظة على الثروة والأموال

الاستثمار في «العقارات الفاخرة» تُمكّنك من المحافظة على أموالك.

«العقارات الفاخرة» هي واحدة من أكثر الأصول المحدودة التي يَعمَد الكثير من أثرياء ومشاهير العالم إلى شرائها، لا سيّما في الأسواق النشطة الرئيسة، مثل نيويورك ولندن وموناكو وباريس ودبي.

وعلى الرغم من أن هذا النوع من الأصول العقارية قد لا توفر عوائد مُغْرِية من تأجيرها، فضلاً عن أنها مُكْلِفَة من حيث الإدارة والصيانة – في الواقع، قد تُكلِّفُنا مالاً إضافياً للاحتفاظ بها – إلا أنها حتماً تبقى الخَيار الأفضل للأثرياء حول العالم، لثقتهم بأنها تُحافظ على قيمة الأموال خلال الأزمات، وأن أسعارها تستمر بالارتفاع بمرور السنوات، في حين أن بعض تحركات الأسواق يمكن أن تجعل من هذه العقارات المرموقة مصدراً لأرباح تفوق الخيال ولا يمكن التكَهُن بها. وخير مثال على ذلك، الوضع الحالي لأسواق العقارات حول العالم، خاصة في دبي، حيث انتعش قطاع «العقارات الفاخرة» فيها لمستويات غير مسبوقة تفوق أي قطاع عقاري آخر.

المرونة في طرق الاستثمار والموقع الجغرافي

المناخ الاستثماري والتنوع الجغرافي. يتميز الاستثمار في العقارات بالمرونة على مستوى العالم، وذلك وفقاً للتشريعات الاستثمارية والموقع الجغرافي؛ فإذا كنت ممن يسافرون بغرض العمل وتربطك علاقات ومعارف في مدن أخرى، بخلاف مدينتك، حتماً يمكنك حينها اكتشاف فرص عقارية استثمارية جديدة، الأمر الذي يوفر لك ميزة التنوع والتوسع والوصول إلى مناطق ومدن مختلفة تخضع لديناميكيات وقواعد مُغايِرة لما هو موجود في مدينتك، ما من شأنه أن يُسهم في تقليل جميع أنواع المخاطر، مثل المخاطر المتعلقة بسياسات الدول (مخاطر

جيوسياسية)، خاصة أن القواعد الأساسية للاستثمار العقاري هي واحدة، وتنطبق في جميع الأسواق العالمية.

أساليب وطرق مرنة متعددة للاستثمارات العقارية بناءً على نقاط القوة والضعف. إذا كنت ممن يولون نقاط القوة أهمية كبرى للتغلب على نقاط الضعف، كما أفعل أنا، فإنك حتماً ستسعد بمعرفة أن مرونة الاستثمار العقاري توفر لك هذه الميزة أيضاً:

- إذا كنت مستثمراً نَشِطاً وحيوياً وتُكرِّس الوقت والجهد اللازمَيْن للتعَلُّم والقراءة وتُحْسِن الاستماع، فضلاً عن دراسة الأسواق وإجراء زيارات للمواقع، ومقابلة العاملين في القطاع لجمع المعلومات كافة والحصول على أجوبة لتساؤلاتك، إلى جانب التركيز على مقارنة الفرص بموضوعية لاختيار الأنسب منها، فإن أفضل أنواع الاستثمار بالنسبة لك هو الذي يُمَكِّنُكَ من تَمَلُّكِهِ بنسبة 100 في المائة، وبذلك تكون المالك الوحيد وصاحب القرار في كيفية قيادة استثمارك، سواء إدارته أو تأجيره أو حتى إعادة بيعه.
- أما في حال كنت مستثمراً أقل نشاطاً، وتُفَضِّل وضع أموالك في استثمارات لا تتطلب منك جهداً عالياً، وقَلَّما وقتك يسمح لك بمراجعة وإدارة المتطلبات اللازمة وإتمام الصفقات، فإنه يمكنك دائماً استكشاف الفرص للاستثمار العقاري من خلال مكاتب العقارات المؤهلة والمرموقة، أو صناديق الاستثمار العقاري العامة والخاصة (Real Estate Investment Trusts [REITs])، أو التمويل العقاري الجماعي المؤسسي (Real Estate Crowdfunding [REC]).
- إذا كانت لديك ميزانية محدودة وتمتلك فَهْماً عالياً للسوق العقاري والشركات العاملة فيه، فإنه يمكنك الاستثمار في العقارات من خلال التمويل الجماعي، أو شراء أسهم في صناديق الاستثمار العقاري المرموقة (REIT).
- إذا كنت تعتقد أنه لديك شغف بالتصميم الداخلي، أو تمتلك موهبة لتخطيط وخلق مساحات فعالة جاذبة، فإنه يمكنك الاستثمار عبر شراء عقار ما، ثم تأثيثه، أو تجديده، أو حتى إعادة بنائه مرة أخرى، إذ من شأن ذلك أن يرفع قيمة العقار في السوق، ما يعود عليك بربح إضافي.
- إذا كان لديك شغف ببناء منازل أو وحدات سكنية، ومحال تجارية للبيع بالتجزئة فريدة من نوعها، فإن هذه الموهبة تشكّل استثماراً بحد ذاتها يمكنك استغلالها بوصفها مُنتَجاً. بشكل موجز، لا حاجة لأن تكون مُقاوِلاً للقيام بأعمال بناء، أو تصميم داخلي. كل ما تتطلع

إليه لتنفيذ أفكارك يمكن أن يتم عن طريق وسيط أو طرف ثالث. وبعد ذلك، يمكنك البيع بسعر أعلى بناء على القيمة التي أضفتها جرّاء تصميماتك التي قمت بها، والتي تحمل اسمك.

مكاسب رأس المال عند إعادة بيع العقار (Capital Gain)

الأصول العقارية توفر فرصاً أكبر لزيادة رأس المال. في حين أن الدخل الإضافي الذي يمكن تحقيقه من عوائد تأجير عقار استثمرت فيه يُعَد خطوتك الأولى في التوفير، فإن خطوتك التالية تستهدف زيادة رأس المال عند إعادة بيع العقار (Capital Gain) ، وهو ما يمكنك تحقيقه عبر اتّباع استراتيجيات مختلفة، ومنها:

- تأثيث العقار، ثم بيعه.
- تجديد العقار، ثم بيعه.
- إعادة بناء العقار، ثم بيعه.
- تشييد عقار جديد، ثم بيعه.
- شراء عقار على الخريطة، ثم بيعه.
- تَحيُّن فرص الشراء في الأسواق المنخفضة، ثم البيع عند ازدهار الأسواق مرة أخرى.
- البحث عن عقارات منخفضة التكلفة وإعادة بيعها بسعر أعلى للحصول على هامش ربح مناسب.

ملاحظة: المزيد عن أفضل الاستراتيجيات لتحقيق مكاسب تُضاف إلى رأس المال (Capital Gain) في الفصول اللاحقة من الكتاب.

الرافعة المالية - المرونة في استخدام التمويل البنكي لزيادة نسبة الأرباح على المبلغ المُستَثْمَرْ

التمويل أو إعادة التمويل الاستراتيجي والمدروس لزيادة نسبة العائد على المبلغ المُستَثْمَرْ، أو لتسييل جزءٍ منه دون الحاجة إلى بيع العقار، وهو يُعرف في عالم الأسواق المالية بـ «الرافعة المالية».

كما شرحت سابقاً بإيجاز، يمكن زيادة الأرباح عند اللجوء لتمويل الاستثمارات العقارية عبر تمويل بنكي - تجدر الإشارة إلى أنه تم التوسع في شرح الاستراتيجية السليمة لهذا الأمر في الفصل التاسع من الكتاب - حيث يمكنك الاستفادة من استثمارك العقاري بشكل استراتيجي؛ ففي حال اقتضت حاجتك إلى بعض السيولة النقدية، فإنه يمكنك إعادة تمويل استثمارك عن طريق اقتراض المال من المصرف طالما المخاطرة المالية مقبولة وتحت سيطرتك.

هذه الاستراتيجية تُعَد ناجحة أيضاً، في حال احتجت إلى السيولة في سوق لا يوفر فرص بيع مُجْدِية ومُربِحَة نوعاً ما، حيث يمكنك بيع العقار عندما تتحسن ظروف السوق، وبالتالي تحقيق الأرباح وإعادة المبلغ الذي قمت باقتراضه إلى البنك أو المصرف المموِّل. على سبيل المثال، إذا اجتاح الأسواق شبح الركود في أي وقت، وأنت تعلم أنك ستحصل على سعر منخفض إذا قمت بالبيع، في هذه الحال يمكنك اقتراض المبلغ اللازم من أحد البنوك للحصول على بعض السيولة النقدية ورهن ممتلكاتك العقارية، مع وجوب الاحتفاظ بها لبيعها حالما يعود السوق إلى سابق نشاطه المعهود.

الفوائد النوعية

بعد أن تطرّقنا إلى الفوائد الكمية للاستثمار العقاري، اسمح لي أيها القارئ أن أشاركك الفوائد النوعية للاستثمار العقاري أيضاً. هذه الفوائد تعني الكثير لبعض الأفراد، وقد لا تعني شيئاً للبعض الآخر، لكن النقطة الرئيسة التي أود الإشارة إليها هنا، أنه في كلتا الحالتين إذا وجد أحد المُستثمِرين هذه الفوائد قيّمة وجذابة؛ فإن فرصته لتحقيق الأرباح كبيرة.

نفوذ وعلاقات عامة

المكانة الاجتماعية تُعَد عاملاً مهماً يميّز العصر الحالي الدائم التغير وسريع التطور، خاصة في ظل وجود وسائل التواصل الاجتماعي. البعض قد لا يولي المكانة الاجتماعية اهتماماً كبيراً، لكنها قد تعني الكثير لآخرين. لذلك، حتى لو كنت على المستوى الشخصي لا تكترث بامتلاك عقار بمواصفات مميزة في منطقة ما، فإن شراء أو الاستثمار في هذا النوع من العقارات يكون مُربِحاً عند إعادة بيعه، أو تأجيره لفئة ما تُبدي اهتماماً مُعيّناً للسكن في مثل هذه العقارات، لكونها تثق في أنها قد تخلق أو تعزز من مكانتها الاجتماعية. لذا وبوصفي مستثمراً، يمكنني الاستثمار في المواقع المرموقة التي يحلم بها الآخرون، وبالتالي أبيع العقار لهم وتبقى المكانة الاجتماعية شأناً خاصاً بهم.

أمان وراحة نفسية

أمان، واستقرار، وراحة نفسية لك ولأفراد الأسرة. بالنسبة لي والغالبية العظمى من الناس، يمكن أن نقوم بواجباتنا على أكمل وجه، عندما نشعر بالراحة في منازلنا وسعداء في حياتنا الأسرية. إن تملُّكَ منزل خاص يوفر لك ولعائلتك شعوراً مُطلَقاً بالأمان والاستقرار، إلى جانب أنه يُعَد ادخاراً مناسباً لضمان مستقبل آمن للأطفال.

يقوم العديد من الأثرياء حول العالم بشراء بيوت مجاورة لمنازلهم يُخصِّصونَها لأبنائهم، الأمر الذي يؤدي إلى تقوية الروابط بينهم، وتوفير فرصة لهم لرؤية أحفادهم وهم يكبرون.

درسٌ قيّم تعلّمته عن الحياة الأسرية وقيمة السعادة..

العلاقة التي تربط أفراد العائلة هي من أكثر الأمور أهمية بالنسبة لي، لذلك أبذل قصارى جهدي للإسهام في تقوية تلك العلاقات، بما في ذلك شراء منازل لأسرتي وأفراد عائلتي، إذ له تأثير إيجابي في حياتنا. وقد شَكّل هذا الأمر درساً مهماً منذ بضع سنوات، عندما اشتريت قطعة أرض، وهي الأولى لي، لبناء منزل خاص بأسرتي. إلا أنه، وأثناء سفري إلى الخارج، اكتشفت فرصة استثمارية كبيرة لدخل إضافي، حينها قررت التغاضي عن فكرة بناء المنزل في دبي واستبدالها للاستثمار في سوق أجنبي. لقد كانت خطة جيدة لتحقيق التنوع الجغرافي في استثماراتي. ناهيك عن أنه يمكنني استخدام هذا الدخل الإضافي من الاستثمار العقاري في الخارج لاحقاً، واستئجار منزل أكبر من المنزل الذي كنت أعتزم تشييده.

عندما عدت إلى دبي، كنت متحمساً جداً لإخبار زوجتي عن هذه الفرصة التجارية العظيمة التي ستجلب لأسرتي الصغيرة المزيد من المال، وتمكننا من التنويع في استثماراتنا العقارية.

لن أنسى ردّ فعلها أبداً! إذ ارْتَسَم على وجهها الحُزْن، ما سبَّبَ لي صدمة كبيرة! لقد كنت عالقاً تماماً في عالمي التجاري وجام جني الأرباح وتنويع استثماراتي. وشعرت بالحيرة حِيال ردّ فعلها، وسألتها: «لم أنت حزينة؟ لا أستطيع أن أصدق ذلك، يجب أن تكوني سعيدة من أجل أسرتنا!». فأجابت: «لا يوجد شيء أجمل من بناء بيت خاص بنا.. منزل تملؤه الذكريات مع أطفالنا ويكون مرجعاً لذكرياتهم عندما يكبرون». شكّل ردّها جرس إنذار لي؛ فتراجعت خطوة إلى الوراء وتساءلتُ في نفسي: «ما الذي يدفعني للعمل بجِدّ؟ ولِمَن؟ حتماً الإجابة كانت من أجل حياة سعيدة ومريحة مع عائلتي».

كان لكلماتها وقعٌ كبيرٌ عليّ، وطمأنتها أنني لن أتخلى عن فكرة بناء منزلٍ بدبي والعيش فيه. قد تختلف التفاصيل والظروف الخاصة من شخص لآخر، غير أنني أؤكد على وجود العديد من القصص المشابهة لدى الكثير من الأشخاص.

أسرار ستة لاستثمار عقاري آمن وناجح

في ختام هذا الفصل، إليك ست نصائح عملية تضمن الاستثمار العقاري الآمن، الأمر الذي يحقق الازدهار ويجلب لك السعادة طوال حياتك.

1. التنوع مفتاح النجاح

قم بتنويع طريقة استخدامك واستثمارك لثروتك، بناءً على قدرتك في تحمُّل المخاطر. قد تبدو هذه النصيحة مفاجئة للبعض، خاصة أولئك الذين يتمثل نشاطهم الأساسي في مجال بيع وشراء العقارات، لكن في الوقت ذاته، يتوجب توافر بعض السيولة النقدية لديك بشكل دائم، بغض النظر عن حال أسواق الاستثمار التي قد تكون واعدة ومُغرِية جداً في بعض الأحيان.

وتكمن الخطوة الأولى في إدارة مصاريفك لادّخار بعض المال يمكن استثماره لاحقاً. وعند توافر السيولة النقدية بما يكفي، فإن الخطوة التالية هي الاستثمار في مشروع عقاري آمن يعود عليك بالفائدة، وأن يحقق لك دخلاً، على سبيل المثال، من تأجيره.

أعرف الكثير من الأشخاص الذين عملوا بِجِدّ وادّخروا لسنوات لاستخدام الأموال التي جمعوها لشراء عقار، غير أنني لم أحبّذ هذه الاستراتيجية ولم أتبعها قط. أفضّل ادخار المال أولاً لتوفير الملاءة المالية الكافية، ثم أبدأ البحث في استثمارات لا أضع فيها كل أموالي، وإنما جزءاً منها.

السؤال الذي يطرح نفسه هنا، ما المبلغ الواجب استثماره في مجال العقارات؟ نصيحتي بألا يقل عن 25 في المائة ولا يزيد على 65 في المائة من إجمالي محفظة أصولك ومدخراتك الخاصة التي تشمل السيولة النقدية، والعقارات، والذهب وما إلى ذلك.

2. تقييم المخاطر

بعد إعداد ووضع ميزانية خاصة بك، قم بتقييم المخاطر المصاحبة لأي استثمار محتمل قبل النظر في فرصة الربح، حتى وإن كنت واثقاً من مضاعفة رأس المال (Capital Gain) عند إعادة البيع.

لطالما كنت من الأفراد الذين لا يحبّذون فكرة المُخاطَرة المُبالَغ فيها عند القيام بأي استثمار. وعلى الرغم من ذلك، إلا أنني حققت ثروة كبيرة لي ولعملائي.

وتعريفي لعدم المجازفة والبُعد عن المخاطرة في هذا المجال، هو أنني لا أَعْمَدَ إلى الاستثمار حتى لو كانت الأرباح مضمونة، إلا إذا:

- كنت مُدرِكاً للمجال الذي أعمل فيه ومُحيطاً ومُلِماً بالأمور التالية بناءً على أهميتها، مثل: (أ) شروط الاستثمار، (ب) استراتيجية إعادة البيع، أو عملية التخارج من السوق الخاصة بي.
- دراسة وفَهْم أسوأ الاحتمالات والتأكد من قدرتي على تحمّلها في حال حدوثها.
- التخطيط بعناية لتحقيق أكبر قدرٍ ممكن من الأرباح.

3. إيجاد «شريك المعرفة» مثالي مُلِم ببواطن الأمور

بغض النظر عن مقدار الجُهد المبذول ومحاولة تعلّم بواطن الأمور في سوق العقارات، فإن معرفتك لن تصل إلى مستوى يضاهي ما يعرفه أي خبير متخصص في هذا المجال.

لذلك، من المهم جداً إيجاد «شريك المعرفة» - مستشار ومرشد - ويكون حاصلاً على جميع المؤهلات والخبرات المطلوبة لمساعدتك.

المزيد في الفصل التالي حول هذا الموضوع وعمن يجب أن تبحث عنه وكيفية الاستفادة منه.. لذلك لن أتوسع في هذا الخصوص هنا.

4. مقارنة الفرص والانتقاء بشكل جيد

بعد تقييم المخاطر وتحديد الميزانية للاستثمار العقاري ووضع الأهداف - وتحديد شريك المعرفة المناسب لاستلهام المشورة والإرشاد - تكمن الخطوة التالية في تقييم فرص الاستثمار المختلفة المتاحة.

يمكن القيام بذلك عن طريق تضييق نطاق البحث للوصول إلى العروض الأكثر جاذبية، ثم مقارنتها من أجل تحديد أي من تلك الفرص توفر أعلى قيمة لأموالك وأقصى قدر من الربح. لمزيد من التفاصيل حول هذا الأمر سيتم التطرق إليها في فصول هذا الكتاب اللاحقة.

5. الثقة بالنفس

المعرفة مكون رئيس في منظومة الثقة بالنفس، والجهل منبع للشعور بالتوتر وإبداء الشكوك. أتمنى أنه بحلول الوقت الذي تنتهي فيه من قراءة هذا الكتاب، أن تكون قد اكتسبت ما يلزم من المعرفة لبدء رحلة الاستثمار في مجال العقارات، أو حتى لتعزيز أدائِكَ في رحلتك التي بدأتها بالفعل.

6. عدم الانقياد وراء لذّة النجاح

عند تحقيق أرباح جيدة في أي نوع من الاستثمار الناجح - سواء كان

ذلك في العقارات، أو في أي من المجالات الأخرى - فإن البحث عن المزيد من الفرص لتحقيق النجاح يصبح أمراً جاذباً للغاية. لذلك تأكد دائماً من عدم الإفراط بالتمويل العقاري والانجراف بالاستثمار بما يفوق طاقتك الاستثمارية، وألا تفقد تركيزك عند دراسة واعتماد الفرص.

أعرف الكثير من الأشخاص الذين اتخذوا قرارات خاطئة، والذين انتهى بهم المطاف إلى الاستدانة من البنوك والحصول على قروض ضخمة تتطلب وقتاً كبيراً لسَدادِها. تذكر، نحن نتحدث عن الاستثمار الآمن، وليس المقامرة.

هل ترغب بمعرفة المزيد؟

أتمنى أن يكون ما تحدثنا عنه في هذا الفصل قد بَدَّدَ بعضاً من الشكوك لديك حول الاستثمار في العقارات، وزَوَّدَكَ بكيفية القيام به. قد لا تزال لديك بعض المخاوف، لكن دعنا نتناول هنا بعضاً من الأسئلة الشائعة التي يتم تداولها وغالباً ما تُطرح عليّ باستمرار:

1: الكثير من الأشخاص تمكنوا من رِبْح أموال طائلة في سوق الأسهم من دون معرفة عميقة في هذا المجال؛ فلِمَ لا يُمْكنني ذلك؟

فراس: الكثير أيضاً فقدوا مدخراتهم التي عملوا على جمعها طوال حياتهم! ببساطة هذا النوع من المخاطرة لا يستحق العَناء، خاصة إذا كنت تستثمر في أسواق الأسهم قبل أن تقوم بالاستثمار في العقارات. الاستثمار في سوق الأسهم غالباً ما يكون خارج نِطاق سيطرتك، وغالباً ما يفتقر إلى الثبات، ولا تحكمه قواعد أو مبادئ أساسية كأسواق العقارات، أو قد يكون مدفوعاً بعوامل لا يمكن فَهْمَها بسهولة ما لم تملك خبرة خاصة وعميقة في هذا المجال. إنه يتأثر بشكل كبير بالكثير من المعطيات، المتغيرة والعابرة، وليس فقط الأمور التجارية.

تَذَكَّر قاعدة النجاح الأولى، وهي يجب عليك الاستثمار فيما يُمكِنُكَ التّحكُّمَ به، وأنّ تَحَكُّمَكَ يعتمد على مدى فَهْمِكَ وخَبْرَتِك.

2: هل الاستثمار في سوق الأسهم يُعَد أسرع من ناحية التخارج والبيع لتوفير السيولة النقدية؟

فراس: هل ترغب في الاستثمار حتى تتمكن من التخارج من سوق الأسهم بغض النظر عن الظروف المحيطة باستثمارك، أم أنك تقوم

بذلك من أجل الحصول على مصدر دخل آمن يُمَهِّد الطريق لفرص أخرى لزيادة رأس المال؟ يَسهُلُ على الإنسان التخارج مباشرة في معظم الأوقات، لكن تحقيق الربح أو الخسارة هو أمر آخر، فإنْ كان بالإمكان التخارج السريع من سوق الأسهم، فهذا لا يعني بالضرورة تحقيق الأرباح.

علاوة على ذلك، وفي حالات ركود الأسواق الاستثنائية (مثل الأزمة المالية التي ضربت العالم في عام 2009)، فإن التصفية أو التخارج أمر قد يمنعه القانون ويخضع لشروط معينة!

تذكّر، نحن لا نستثمر لقدرتنا على التخارج في أي وقت وبمجرد التفكير فيه يمكن الضغط على الزر، وإنما نَعْمَد إلى الاستثمار لجَنْيِ الأرباح وتأمين مستقبلنا ومستقبل عائلاتنا.

3: كيف يمكنك الحُكم أن الاستثمار العقاري أفضل من الاستثمار في سوق الأسهم، بالنظر إلى عدم إلمامك العميق، أو معرفتك المتخصصة في هذا المجال، أو غيره من خيارات الاستثمار الأخرى.

فراس: إن فَهْم مبادئ السوق يساعدك على اسْتِنْباطِ ما هو صواب أو خطأ. وعليه، إذا كان هناك شخص متخصص ويعرف سوق الأسهم أفضل بكثير من سوق العقارات، من المؤكد أن سوق الأسهم سوف يكون خَيارَهُ الأول، ثم يتْبَعُهُ سوق العقارات بوصفه الخَيار الثاني للاستثمار.

4: يزعم الكثير من الأفراد أن شراء منزل لنفسك يُعَد بحد ذاته قراراً خاطئاً، وعِوَضاً عن ذلك من الأفضل شراء عقار وتأجيره للحصول على دخل إضافي، صح أم خطأ؟

فراس: لا يمكن الجَزْم بصحة هذا الأمر من عدمه. إن شراء منزل بالنسبة لبعض الأشخاص يُعَد من أولوياتهم الرئيسة، في حين أن البعض الآخر لا يولونَ أية قيمة عاطفية لتملّك بيت خاص بهم. لذلك قد يستأجرون منزلاً للعيش فيه ويستثمرون أموالهم في عقار مُدِرٍّ للربح. إنه قرار شخصي من دون قواعد محددة، أو إجابات صحيحة.

من ناحية أخرى، عليك أن تفعل ما تشعر أنه مناسب لك. قصة عائلتي التي تحدثت عنها في السطور القليلة السابقة، هي خير مثال على ذلك. بالنسبة لزوجتي، لم يكن الأمر يتعلق بالاستثمار في الخارج، أو تنوّع الاستثمار أو استئجار منزل أكبر في دبي، وإنما يتعلق بالاستقرار وتملّك منزل يحفظ ذكريات عائلتنا وأفضل لحظاتنا معاً.

5: هل يمكن لأسعار العقارات أن تنخفض؟

فراس: نعم بالطبع؛ لكن على عكس بعض الاستثمارات الأخرى، نعلم جميعاً أن أسعار العقارات في تزايد مستمر من الناحية التاريخية على المدى الطويل بالرغم من تقلّبات السوق بين الحين والآخر. تذكّر دائماً أنه حتى مع انخفاض أسعار العقارات، إلا أنها لن تنخفض أبداً إلى الصفر. أما بالنسبة للسبب الذي يجعله أفضل أنواع الاستثمار الذي يمكنك أن تثق في نجاحه على المدى الطويل، فإنه لا يسعني التفكير في استثمار آخر أفضل من الاستثمار العقاري – استثمار يوفر لك مستوى مُخاطرة يمكن التحكم فيه، ويمكن حسابه بشكل أسهل نسبياً من أغلب المجالات الأخرى.

القاعدة الأولى لأي استثمار أقوم به هي: هل يمكنني قياس المخاطر؟ والأهم من ذلك، هل يمكنني تحمل المخاطرة في حال وقوع أسوأ الاحتمالات؟ ومن ثم التركيز على فرص الربح من إيرادات الإيجار وزيادة رأس المال عند إعادة البيع (Capital Gain). بالنسبة لي، فإن الاستثمار في العقارات هو أفضل أنواع الاستثمار.

*****

بعد أن تَطَرَّقنا إلى فوائد الاستثمار في العقارات، آملُ أنك تمكَّنتَ من فَهْم الإمكانات الرائعة التي يوفرها لك هذا النوع من الاستثمار، ألا وهو الاستثمار في العقارات.

في الفصل التالي، سأكشف عن أسرار سوق العقارات والتحديات والمؤامرات، وعن بعض الحِيَل التجارية التي قد تتعرض إليها، والتي يتوجب عليك تجنّبها عند بِدْءِ رحلتك في الاستثمار العقاري.

الفصل الرابع

الكشف عن خبايا الاستثمار في السوق العقاري

أبرز النقاط

- الإلمام والمعرفة بما يتوجب القيام به وما عليك تجنبه والابتعاد عنه
- لِمَ نحتاج إلى هذا النوع من المعرفة؟
- «لا» للمؤثرات السلبية
- ما الذي تحتاج إلى معرفته قبل البدء بالاستثمار؟
- «شريك المعرفة»
  - «شريك المعرفة» المناسب وأهمية العثور عليه
  - ما الذي سيضيفه «شريك المعرفة»؟
  - ما الصفات الواجب توافرها في «شريك المعرفة»؟

جميعنا يدرك أن العقارات في واقع الحال تُعَد سوقاً ضخمة، مصحوبة بالعديد من الحكايات التي تستحق أن تُروى.. قصص قد تكون مصدر إلهام، أو محفزة أو مفاجئة، أو حتى قد تشكّل في بعض الأحيان صدمة، فضلاً عن أنها قد تكون وسيلة للاستنارة وتوسيع نطاق المعرفة، غير أنها مثل أي سوق آخر، يُعَد ذا وجهين؛ الأول هو القصة التي يعرفها معظم المتعاملين. أما الوجه الثاني فهو القصة التي لا يعرف خباياها سوى المُلِمّينَ بالأسواق ومُقَدّمي الخدمات! ولتبدأ القصة..

خلال استعراض سريع لكتب أخرى تحكي عن الاستثمار العقاري - إن لم يكن جميعها - نجد أنها تتحدث عن الفوائد الجمّة للاستثمار في العقارات، الأمر الذي يُعد صحيحاً، إذ إن الاستثمار في هذا المجال ربما يكون أفضل ما يمكن القيام به.

لكن كما ذكرت في الفصل السابق، ما يبدو أنه أفضل أنواع الاستثمار قد يُفضي إلى نتائج غير مرغوب بها، وخسائر فادحة إذا لم يتم تنفيذه بشكل صحيح، أو إذا وقع المستثمر في براثن «مؤامرات» أو «حيل تجارية». لذلك يتوجب أن تكون على دراية بالممارسات الخاطئة، أو «المُراوِغَة» لتجنبها قبل البدء في الاستثمار.

في هذا الفصل، أردت أن أقدم بعض النصائح بناءً على تجربتي الشخصية، إذ قد يصعب على البعض التكهن بما يدور حقاً في قطاع العقارات، وما يتعلق به من حقائق خفية التي من شأنها أن توفر رؤى شاملة لأي مستثمر يرغب بالخوض في هذا المجال والتعرف إليه بشكل أكبر. ومع قليل من الجهد والتفكير، قد يصبح من الرواد في معرفة خبايا هذا السوق وبالتالي تحيّن الفرص.

يمكن للنصائح التالية أن تسهم في تحقيق أرباح لم تكن لتتخيلها أبداً في حال أصبحت قيد التنفيذ.

الإلمام والمعرفة بما يتوجب القيام به وما عليك تجنّبه والابتعاد عنه

بوصفك مستثمراً، فإنك حتماً لا ترغب بخسارة أموالك، وإنما تتطلع لتنميتها واكتساب المزيد من المال.. أليس كذلك؟!

حسناً، لتحقيق النجاح في هذا الأمر، تحتاج إلى أن تكون على دراية بالمبادئ الأساسية، والدروس المُستقاة في هذا المجال، وفَهْم ما يجب عليك شراؤه أو الامتناع عنه، لأنه في حال لم تكن كذلك، ستواجه بعض المفاجآت التي قد يكون الكثير منها مزعجاً ويُكلِّفُك غالياً.

لذلك وقبل التطرّق إلى المزيد من المعلومات حول الاستثمار العقاري التي سوف أشرحها بالتفصيل في الأقسام اللاحقة من الكتاب، أعتقد أنه من المهم أن تتعرف إلى الأخطاء الأكثر شيوعاً التي يرتكبها العديد من المستثمرين، إلى جانب الوعود الكاذبة والمخاطر التي يدفع بها بعض المستشارين العقاريين إلى الزبائن، بغرض الحصول على العمولات وحسب.

لِمَ نحتاج إلى هذا النوع من المعرفة؟

لطالما شكّلت المعرفة عنصراً مهماً في حياة الشعوب، ولكن ثمة أفراد يعمدون إلى الاهتمام بنمط حياة الرفاه أكثر من تثقيف أنفسهم والتعامل مع حقائق وأي بيانات خاصة بمجال الاستثمار أياً كان نوعه. إنها حقيقة مؤسفة ولكنها لصالحك بوصفك مستثمراً! في الحقيقة، هناك ما لا يزيد على اثنين من بين مائة شخص يتبعون النهج الثاني، ما يشكّل فرصة رائعة للمستثمر الذي يبذل قصارى جهده للعمل ودراسة السوق قبل اتخاذ خطوته الأولى نحو الاستثمار، وهي ميزة تدفع بالمستثمر إلى موقع الصدارة لرؤية واغتنام أفضل الفرص، وبالتالي تقليل المخاطر وتجنب الوقوع في مآزق قد تكون مكلفة.

«لا» للمؤثرات السلبية

عندما تمتلك المعلومات الوافية والمعرفة الصحيحة، بالطبع ستكون حَذِراً بما يلزم لتجنّب قائمة كاملة من المخاطر، على سبيل المثال:

- X خسارة الأموال في اتّباع استراتيجية المدى القصير والمضاربة، أو الانغماس في ممارسات خاطئة.
- X عقد صفقات عقارية ذات رافعة مالية عالية لا يمكن تحمّل مخاطرها.
- X اللجوء للقروض المصرفية (رهن عقار) خلال دورات السوق المحفوفة بالمخاطر.
- X الوقوع في فخ «دخل الإيجار المضمون».
- X توقيع عقود قانونية غير عادلة خاصة بمشترياتك العقارية.

- ✗ مخاطر التعامل مع سلسلة من وكلاء عقارات غير أكِفّاء.

- ✗ دفع مبالغ إضافية من دون أي وجه حق و/أو انعدام الوعي بأسعار السوق العادلة.

- ✗ التلاعب بالتقارير والبيانات أو أي أرقام عند تحديد قيمة العقار السوقية.

- ✗ الوقوع في براثِن الوُعُود المُبالَغ فيها عِوَضاً عن انتهاز الفرص الجادة الواقعية، وإدراك ذلك بعد فوات الأوان.

- ✗ بدء المفاوضات مع الباعة والمستأجرين بشكل خاطئ.

- ✗ عدم إدراك مفهوم صافي الربح النهائي / العائد على الاستثمار بشكل واضح.

- ✗ اعتماد المستشار العقاري، أو «شريك المعرفة» غير المناسب، إذ لا بد أن يحظى بالخبرة والمعرفة إلى جانب الأخلاق.

- ✗ عدم الأخذ بالاعتبار التكاليف الثابتة والمصروفات الجارية التي لم تتم دراستها خلال عملية الشراء.

- ✗ الفشل في التخطيط للتخارج من الأسواق في الوقت المناسب.

- ✗ الفشل في تقليص المخاطر وعدم زيادة الأرباح.

ما الذي تحتاج إلى معرفته قبل البدء بالاستثمار؟

ثمة عوامل عدة يجب أن تؤخذ بالاعتبار قبل اتخاذ أي قرار خاص بالاستثمار، بما في ذلك الوعود المُبالَغ بها، والشائعات التي قد يلجأ إليها بعض المطورين ووكلاء العقارات لجذب المستثمرين، مدفوعين فقط للحصول على العمولة وتحقيق الأرباح.

وسواء كنت تستثمر في عقارات على الخريطة، أو في سوق إعادة البيع، أو تمويل جماعي للعقارات أو عبر شركات عقارية خاصة؛ فهناك

العديد من «الممارسات اللا أخلاقية» التي يجب أن تكون على دراية بها وتتجنّبها. كما أنه غالباً ما سوف تُصادِف مُسْتشارين عقاريين يُرَوّجون لوحدات متنوعة لتأمين البيع لأنفسهم، بما في ذلك التوجهات التي سأتطرق إليها تالياً هنا.

وبوصفي مُستَثمِراً عقارياً نشطاً، فقد عَمِدتُ إلى الاستثمار في مناطق مختلفة من العالم، وتعرضت فيها للعديد من المواقف الصعبة التي تمكنت من تجنّبها، والتي أنصحك بتجنّبها أيضاً. وبغض النظر عن مدى نُضج وازدهار السوق الذي تستثمر فيه؛ فثمة سيناريوهات وتحديات عدة قد تطرأ. وعليه، يجب على المرء أن يكون واعياً وعلى أُهبَة الاستعداد.

بمجرد توفير الدفعة الأولى بالاعتماد على ترويج إمكانية - أو حتى حَتمية - إعادة بيع الوحدة العقارية قبل موعد استحقاق الدفعة الثانية وتحقيق الأرباح المُغرية. لقد ذكرت في الفصل السابق، أن أحد أفضل جوانب الاستثمار العقاري هو مستوى الأمان الذي يوفره، إلى جانب ضمان دخل ثابت يمكن الاعتماد عليه. لذلك، لا يُحَبَّذ أن تجعل من المضاربة والاستثمار على المدى القصير أساساً لاستراتيجيتك الاستثمارية.

في الواقع يمكنك إعادة البيع بعد تسديد الدفعة الأولى، أو دفعة جزئية، وبالتالي مضاعفة رأس المال المُسْتَثْمَر بشكل كبير، أو تحقيق أرباح سريعة على المدى القصير، لكن يتوجب عليك ألا تَعْمَدَ إلى شراء عقار أو وحدة عقارية ما قيد الإنشاء، ما لم تكن واثقاً من إمكاناتك بدفع جميع الأقساط الآجلة في وقتها المُحدّد. وفي حال كان بيع العقار مُرْبِحاً خلال المراحل الأولى، فإنه حتماً يُشكّل الخَيار الأنسب للاستفادة منه والحصول على الأرباح بما يتماشى مع أولوياتك وأهدافك.

دفع مبلغ كبير من المال لقاء الحصول على إطلالة مميزة، لكن يتضح أنها غير مُجْدِية لاحقاً، حيث سيتم تغطيتها عاجلاً أم آجلاً بواسطة مبنى آخر. من الضروري زيارة موقع المشروع ودراسة احتمالات بناء مشاريع جديدة مجاورة، وإدراك مدى تأثيرها على المشروع الحالي المُراد الاستثمار فيه.

أعرف العديد من الحالات التي دفع فيها المستثمرون أموالاً طائلة لتأمين مناظر خلابة، والتي سرعان ما تم حَجْبِها من قِبَلِ مشاريع أخرى. لذلك، عليك ألا تكتفي بالمعلومات من الباعة أو المنشورات وحسب، وإنما بادِر للبحث عن مَرْجِعٍ موثوق، ويُفضَّل أن يكون من سُلْطَة المنطقة، أو المُطَوِّر الرئيس للمنطقة لفَهْم المُخَطّط الكُلّي الذي يضم المشاريع

المستقبلية، أو حتى أفضل من ذلك كله، التواصل مع إحدى الهيئات الحكومية للحصول على المعلومات والبيانات اللازمة.

محاولة إقناعك بشراء الشقق المتبقية بوصفها محدودة وتخضع لعروض جاذبة. العقارات أو الوحدات الأقل ثمناً لا توفر بالضرورة أفضل فرصة استثمارية. قم بواجبك واستفسر دائماً عن القيمة الحقيقية، وليس ما يسمى بـ «عرض خاص لفترة محدودة».

إلزامك بتوقيع اتفاقية البيع والشراء القانونية من دون قراءتها، وإعلامك بأنها اتفاقية موحّدة فلا داعي للقلق. لا بد من التأكيد هنا على أن أحكام أيّ عقد تسري عليك حال التوقيع عليه، وبالتالي يجب الالتزام بشروطه وبنوده كافة منذ تلك اللحظة وصاعداً.

نصيحتي لك أن تقرأ شروط العقد كاملة وتتأكد من أنها تتوافق مع أرقام الاستثمار التي حددتها لنفسك بنسبة 100%، فقد لا يكون المندوب الذي قادك خلال عملية التوقيع حاضراً لمساعدتك في المستقبل. وبمجرد قيامك بذلك، اعرض العقد وما جاء فيه من أحكام وبنود على مُحامٍ مُختصٍ بالعقارات للتأكد من الإطار القانوني للشروط التي أبديت موافقتك عليها في عقد البيع وكونها واضحة قانونياً ومُحَدَّدة.

تحذير آخر! لا بد لي من الإشارة أيضاً إلى أنه يمكن للمُحامين تقديم المشورة بشأن المسائل القانونية، لكن أحياناً لا يمتلكون الخبرة الوافية لتزويدك بالمعلومات الصحيحة فيما يتعلق بالشروط التجارية، وقد يَعمَدون إلى تقديم مشورة قانونية تتعارض تماماً مع أهدافك التجارية لأنها تتخطّى النطاق القانوني. على سبيل المثال، إبداء نصيحة تتعلق بالسِّعر أو خطة الدَّفع أو تاريخ التَّسليم. لذلك، يتوجب عليك تقديم موجَزٍ تجاري دقيق إلى مُستشارك القانوني أو مُحاميك من البداية.

إخبارك بأنك لست بحاجة إلى تعيين مُفَتّش مُختَص لمُعايَنَة العقار أو الوحدة عند الاستلام، خاصة الجديد منها، أو حتى إعلامك بأنه يمكن مُعايَنَة العقار بنفسك. سواء كان العقار حديثاً، أو مملوكاً من قبل، فإنه من بين أمور عدة متعارف عليها، وجوب القيام بفحص هندسي ومُعاينة العقار أو الوحدة، للتأكد من عدم وجود مفاجآت مُكْلِفة مستقبلاً. فإذا اعتمدت فحصاً بصرياً بسيطاً، فمن المُحتمل أن تتغاضى عن عيوب أخرى مُحتَملة خلف الجُدران، أو مشكلات في التمديدات الكهربائية والصحية، أو حتى في أنظمة التكييف.

إن تعيين مفتش عقارات متخصص للقيام بهذه المهمة نيابةً عنك، يُعَد أمراً واجباً.

إخفاء التكاليف التي تمت مُناقشتها من قبل بشكل غامض في عقد البيع والشراء الخاص بك. في بعض الأحيان، قد تقرأ جدولاً مفصّلاً يضم أرقاماً ويوضح التكاليف المتضمنة في عقد شراء العقار، وبالتالي تُبدي رضاك، لكن حذارِ أن يفوتَك سطر قد ينص على أنه للبائع الحق في فرض رسوم إضافية، أو تغيير رسوم مُعيّنة في المستقبل أو ما شابه ذلك. تأكد من قراءة جميع الشروط والبنود التي تَرِدُ في العقد، أو أي رسوم مستقبلية مُحتملة، بشكل جيد وواضح بنسبة 100%.

محاولات لإغرائك بعروض مثل «اشترِ شقة واحصل على سيارة مجاناً».. أنا على قناعة تامة أن العروض الخاصة التي تأتي مع سيارات باهظة الثمن وهدايا وما إلى ذلك، ليست مجاناً. إن أية تكلفة مرتبطة بالمبيعات ستكون متضمنة في السعر الذي تدفعه لقاء العقار.

للأسف، لقد شهدت العديد من المستثمرين الذين يشترون عقارات باهظة الثمن بعد إغرائهم بالعديد من الجوائز، أو الهدايا، أو العروض الترويجية الخاصة. نتيجة لذلك، تكبّدوا خسائر فادحة عندما أرادوا إعادة بيع العقار، ليس لضعف الأسواق، وإنما لكونها عقارات مُبالَغ في ثمنها منذ البداية.

إطلاق ألقاب فاخرة على مندوبي مبيعات العقارات. يحصل العديد من مندوبي المبيعات على ألقاب فاخرة، مثل مستشار أو خبير الاستثمار العقاري وما إلى ذلك، ما قد يؤثر في كثير من الأحيان على المستثمرين عند اتخاذ القرارات. أنا لا أقول إن جميع المندوبين لا يرتقون إلى هذا المستوى ويستحقون هذا اللقب، ولكن للأسف الكثير منهم غير مؤهلين. من المهم أن يبحث المستثمر في مدى كفاءة مستشاري العقارات، وإذا ما كانوا مؤهلين لبيع وتقديم نصائح صحيحة ودقيقة.

عند تحديد مستشار عقاري، يجب أن يتمتع بصفات «شريك المعرفة» الذي لا غِنى عنه ويمكن الوثوقُ به في جميع الأحوال والأوقات، للحصول على المشورة وإرشادك في كل مرحلة من مراحل الاستثمار. يجب اختيار المُستشار العقاري بعناية فائقة..

المزيد حول كيفية تحقيق ذلك في نهاية هذا الفصل، وفي القسم الثالث أيضاً.

الحصول على عمولات من البائعين على العقارات المعروضة في سوق إعادة البيع. يجب على أي مُستثمر التأكد من عدم وجود أي عقود جانبية بين الوسيط وأحد الأطراف وغير مُعلَن عنها بشفافية لجميع الأطراف، مثل الحصول على عمولة إضافية مُبالَغ بها. لا تتردد في إدراج بند إضافي في اتفاقية البيع والشراء تحدد صراحة جميع حقوق الوسيط / الوكيل والمشتري والبائع في تلقي أي مدفوعات أو رسوم، وأنه لا يوجد اتفاقيات جانبية بين أي من الأطراف، بخلاف ما هو منصوص عليه في عقد البيع والشراء.

وجود مشترين يخضعون لموافقة التمويل. إذا كنت تنوي بيع عقارك الخاص، عليك أن تضع في الاعتبار ما إذا كان بيعاً مُلزِماً من دون قيد أو شرط، أو أنه يخضع لشروط مُعَيّنة. على سبيل المثال، ربط صلاحية العقد بقدرة المُشتري على تمويل عملية الشراء. أحياناً قد يتجاهل البائعون هذه الشروط، بحيث يبدو العقد بأكمله يتماشى تماماً مع ما اتفقوا عليه، ولكن ثمة بند يشير إلى شيء ما، مثل «هذا العقد يخضع لحصول المُشتري على موافقة تمويل من المصرف».

لا بأس في ذلك، شريطة تحديد فترة زمنية للسداد وأن يكون البائع على دراية كاملة بهذا الأمر وقد أخذ في الاعتبار هذه التفاصيل عند حساب السيولة المالية في حال إلغاء المعاملة بسبب فشل المشتري في الحصول على الموافقة المالية. يمكن أن تمر اتفاقية البيع بعدد من السيناريوهات المماثلة. لقد ذكرنا التمويل، ولكن يمكن أن يكون أمراً آخر يتعلق بمعاينة العقار وفحصه. اقرأ دائماً ولا تَتوانَ عن البحث في البنود والشروط المكتوبة بالخط الصغير أيضاً.

ممتلكات تأتي معها «المشكلات». عند شراء عقارات قديمة نسبياً، فمن الضروري تعيين مفتش عقارات مختص لمُعايَنة العقار هندسياً وتحديد أيّة مشكلة ما قبل عقد أيّة اتفاقية بيع وشراء مُلْزِمة مع البائع. لا تود الاستثمار في عقار يحتاج إلى صيانة ضخمة تجعلك تخسر هامش الربح.

عقار مؤجر من الباطن. لا أنصح أبداً بشراء عقارات مُؤجّرَة في الباطن ما لم تَسْتَعِنْ بخدمات مُستشار قانوني جيد لمراجعة كل تفاصيل عقد الإيجار. عليك أن تُدْرِك أنك ستَرِث جميع الحقوق والالتزامات والمخاطر المرتبطة بالعقار المؤجر من الباطن. إضافة إلى ذلك، عندما يتم تأجير العقارات من الباطن لا يوجد للمالك في الأساس اتفاقية إيجار مُلْزِمة مع الساكن الفعلي للعقار.

إن اتفاقية الإيجار بين المُستأجر والمالك مُلْزِمة للمُستأجر الأول الذي إذا واجه أيّة مشكلات مالية، أو قرر مغادرة البلاد لأي سبب كان قد تُمثّل مشكلة بالنسبة لك، وسيكون التعامل مع المُستأجر من الباطن (الساكن الفعلي للعقار) الذي ربما يكون قد دفع الإيجار مُقدَّماً إلى المُستأجر الأول، بشكل قانوني، ما يؤدي إلى نزاعٍ طويل الأجل. لذلك، إنْ كنت تنوي شراء عقار مُؤَجَّر اطلب دائماً مقابلة المُستأجر، أو يمكنك ببساطة إضافة بند في عقد البيع والشراء مفاده أن العقار لن يتم تأجيره من الباطن.

توفير مبلغ التأمين أو الدفعة الأولى مباشرة لحساب البائع وليس لطرف ثالث. من الضروري أن يتم إيداع الدفعة الأولى أو مبلغ التأمين في عهدة وكيل تابع لجهة ثالثة (وكيل المشتري – الطرف الثالث)، أو وكيل حساب الضمان. والعكس صحيح إذا كنت أنت البائع، فيتوجب عليك إيداع نقودك لدى الطرف الثالث وليس المشتري.

*****

إن حديثي في هذا الفصل مبني على قصص ومواقف حقيقية واجهتها في حياتي العملية. وإذا ألقينا نظرة إلى الجانب الإيجابي، فإن الكثير من الأشخاص يَجْنونَ عوائِدَ سنوية ويستمتعون بالحصول على أرباح عالية. لكن يجب ألا يغيب عن ذهننا، أن هناك بعضاً من المخاطر والوعود الكاذبة التي لا بد من الانتباه إليها عند الاستثمار في العقارات. على سبيل المثال، كنت قد تعرفت إلى مستثمرين غير راضين عن رسوم ما يُعرف بالخدمات السنوية، وذلك لأنهم لم ينتبهوا إلى اتفاقية البيع والشراء الخاصة بهم، وقاموا بقراءتها بشكل سريع من دون إيلاء بند الرسوم المفروضة أي تركيز.

من ناحية أخرى، هناك مستثمرون يعْمَدون إلى شراء عقارات بأسعار مُبالَغ فيها من مُطوِّرين عقاريين، هدفهم الوحيد يكمُنُ في التركيز على جلب مُشترين جدد.

في جميع الأحوال، يمكن للمستثمر بكل بساطة، التحقق من أسعار العقار عن طريق استخدام تطبيق خاص بذلك، أو عن طريق موقع إلكتروني (الذي يتضمن معلومات حول البيانات الحكومية لتسجيل معاملات البيع والإيجار، أو يشارك البيانات الخاصة بتقييم الممتلكات)، أو التحدث إلى وكلاء عقارات موثوقين آخرين وسؤالهم عن أي مشاريع مجاورة، حينها سيكون قادراً على اتخاذ قرار أكثر استنارة.

لهذا السبب، لا يمكنني سوى التأكيد - بشكل كبير - على حقيقة، وهي أن الأمر برمّته يقع على عاتقك؛ فاتخذ ما يناسبك من قرارات على ضوء بحثك ومعرفتك بهذا المجال.

حسناً، إن المعلومات التي قدمتها لك، ربما توفر لك نظرة ثاقبة لما يجب القيام به وما ينبغي تجنّبه. لكن في الوقت ذاته، ما زلت تتساءل حول الكثيرين الذين قاموا بجَنْي مبالغ طائلة فقط عن طريق المضاربة من دون عناء البحث والدراسة؛ فما الذي يمنع من أن أكون أحد هؤلاء؟

قد يكون سؤالك في محله، والإجابة عن ذلك بسيطة، فالأمر مجرد ضربة حظ، تماماً عندما نقول على سبيل المثال: «ماذا عن أولئك القلائل الذين صنعوا الكثير من المال عن طريق الفوز باليانصيب؟»؛ فقط تذكر أن السؤال يتمحور حول القلة القليلة وليس الأغلبية.

لذلك، عندما تبدأ في الاستثمار بالعقارات، تأكد من عدم الإقدام على مجازفة بلا هدف مُجْزٍ فقط لمجرد تحقيق ربح سريع. عوضاً عن ذلك، اجعل غايتك الاستثمار على المدى المتوسط إلى الطويل، وأن أي نتائج مُبكّرة قصيرة المدى هي بِشارَة خير.

وإذا كنت لا تزال تريد المخاطرة على الرغم من ذلك، فإن أفضل نصيحة يمكن أن أقدمها لك هي أن تأخذ مسألة المخاطرة بشكل جِدّي وتحسب لها. وبالطريقة نفسها التي تُحفّزُك بها هوامش الأرباح المرتفعة، ضع في اعتبارك أسوأ السيناريوهات التي قد تحدث، وكن واثقاً أنه في حال عدم نجاحك، فإنه لديك القدرة على تحمّل النتائج مهما كانت.

إليك بعض النصائح الإضافية قبل الانغماس والمُضي قُدُماً في موضوعات وتفاصيل أخرى.. تحقق دائماً من موقع المشروع واستمر في أبحاثك حول الأراضي المحيطة به للتأكد من أن العقار يساوي المبلغ الذي دفعته، وأنه لن يعترضه مبنى آخر يحجبه في المستقبل. ثمة مقولة لا أعرف مصدرها، غير أنها مناسبة جداً في هذا السياق: «المباني لا تتحرك، ولكن الأحياء تتغير طوال الوقت». لذا، اجتهد بدراسة الموقع.

أخيراً وليس آخراً، أبقِ عينيك على الجائزة.. لا أريد لك أن تخاف، أو تُثبّط من معنوياتك بعد قراءتك لعامل «الإلمام والمعرفة»، لأن معرفتك بذلك ستؤدي إلى نجاحك بشكلٍ كبير، وسوف تتمكن من الانضمام إلى صفوفِ المُستثمرين الذين ضاعفوا ثرواتهم من خلال الاستثمار بحكمة في سوق العقار.

أتمنى أنه قد أصبح لديك معرفة شاملة وأعمق عن عالم العقارات وأدركت بعض الحقائق القاسية التي قد تأخذ شكلاً مُغايراً في بعض

الأحيان. في الفصل التالي، سنتطرق إلى طرق واستراتيجيات وأساليب مختلفة للاستثمار. لكن قبل ذلك، تجد أدناه بعض المعلومات المهمة الخاصة بـ «شريك المعرفة».

شريك المعرفة

«شريك المعرفة» المناسب وأهمية العثور عليه

لِمَ يُعَد وجود «شريك المعرفة» مسألة مهمة؟ فيما يلي بعض النقاط التي أشرت إليها في الفصل السابق:

- يجب عليك الاستثمار فقط فيما يمكنك التّحَكُم به، ويمكنك ذلك فقط فيما يمكنك فَهْمَه.
- من خلال المعرفة الدقيقة حول دورات السوق والاستراتيجيات المختلفة باستطاعتك تعظيم فرصك بالربح وأن تكون مستثمراً ناجحاً، مهما كانت استثماراتك.
- الاستثمار الناجح في العقارات يعتمد على البحث والدراسة بدقة واجتهاد. هذه حقيقة لا مفر منها.

الفَهْم والمعرفة والدراسة: جميعها عناصر رئيسة للنجاح وتساعدك على تجنّب المخاطر أو حتى الوقوع في أي مأزق، وهو ما تحدثت به آنِفاً في هذا الفصل.

على نحو متصل، إليك شيئاً آخر كنت قد تطرقت إليه مُسبقاً، وهو على الرغم من محاولاتك لمعرفة ما يجري في السوق والحصول على أي معلومات عنه، إلا أنك لن تتمكن من معرفته بقدر متخصص يمتلك سنوات عدة من الخبرة.

جاء هذا الكتاب لمساعدتك على أن تصبح مستثمراً ناجحاً في سوق العقارات، ويُعينك على اتخاذ القرارات الصحيحة. لكن اعلم جيداً أنك لن تصبح خبيراً بين ليلة وضحاها. لذلك، من الضروري أن تجد «شريك المعرفة» المناسب لإرشادك وتقديم النُّصْح لك.. شخصاً ذا خبرة عميقة في هذا المجال، جديراً بالثقة.

ما الذي سيضيفه «شريك المعرفة»؟

يتمثل النجاح في القدرة على تحقيق الفائدة والربح الأقصى من الفرص المعروضة عليك في قطاع الاستثمار العقاري، حيث يمكنك الاستفادة من الفرصة عندما تتمكن من رؤيتها أولاً، ثم اقتناصها والعمل على تعظيم فوائد الاستثمار عندما تحصل عليها بالشكل الصحيح وفي الوقت المناسب.

وفي حال اخترت «شريك المعرفة» المناسب للتفاوض على شروط خاصة بتلك الفرصة، فمن المُرَجّح أن تزيد الفوائد إلى أقصى حد، وفي الوقت ذاته تُقلّص المخاطر. على سبيل المثال، يمكنك أن تقرر استثمار مليون في عقار معين من المُطَوِّر مباشرة لأنك تعلم أنه ثمة فرصة استثمارية جيدة للخروج بنتائج إيجابية؛ التوقيت صحيح ودورات السوق مناسبة والموقع ممتاز والجودة عالية.

لكن الخبير العقاري المُتمرِّس الذي هو على دراية ومعرفة، ليس فقط بعروض وميزات المُطَوِّر العقاري الذي نال اهتمامك، بل إنه يمتلك قدراً وافياً من المعلومات حول معظم أو جميع العروض الأخرى التي يوفرها المُطَوِّرون الآخرون، الأمر الذي قد يشكّل مصدراً آخر لفرصة أكثر ربحية وتميزاً. كما أنه يُعَد على دراية كاملة برحلة ما قبل وبعد توقيع العقود، ويمكنه أن يقدم لك المشورة حول كيفية التفاوض على البنود لتجنب المخاطر، وربما استبدالها ببنود أخرى مربحة، إليك بعض الأمثلة:

- خبير عقاري مُتَمَرِّس يتمتع بسيرة عملية وسجل حافل بالإنجازات. على دراية تامة بالسعر النهائي للعقار، وأفضل عرض على الإطلاق قَبِلَ به أي مُطوِّر في الماضي. نعم؛ قد تكون فرصة جيدة للشراء بمبلغ مليون. لكن ماذا لو تمكنت بالفعل من دفع ما يصل إلى 950 ألفاً؟ الخبير العقاري المتمرس يعرف أفضل الأسعار المعروضة، وبالتالي يمكنه توجيهك وتقديم النصح لك.
- خبير عقاري مُتَمَرِّس قام بتطوير علاقات قوية مع كبار صانعي القرار الرئيسيين في السوق، وبالتالي لديه نظرة ثاقبة لأي قواعد وقوانين جديدة، أو محتملة – وهي على الأرجح – سوف تؤثر في استثمارك صعوداً أو هبوطاً، أو على قرارك بالشراء اليوم أو غداً، على سبيل المثال، إذا كنت تعلم أن رسوم التسجيل أو الأختام سترتفع غداً، أو العكس صحيح.
- قد لا يعرف معظم المُستثمِرين العقاريين أن تسليم العقار يمكن أن يتم خلال فترة تراوح بين شهرين إلى ثلاثة أشهر من تاريخ الشراء، غير أنه قد لا يتمكن المُستثمِر من الانتقال إلى العقار الجديد سوى بعد أربعة أشهر (يعتمد هذا بشكل كبير على إجمالي مساحة المشروع ومدى مهارة واحتراف وتنظيم المُطَوِّر العقاري)، في حال وجود العديد من الإصلاحات الواجب تنفيذها من قِبَل المُطَوِّر بعد مُعايَنَة العقار. هذا النوع من المعرفة لن تكتسبه سوى من شريك مُحَنَّك مُلِمّ بكيفية تَخَطّي مثل هذه العراقيل عند توقيع اتفاقية البيع والشراء مع المُطَوِّر العقاري.

ما الصفات الواجب توافرها في «شريك المعرفة»؟

في مجالنا، كثير من الناس لا يولون وكيل العقارات قيمة كبيرة أثناء التعامل معه. البعض قد يلجأ إلى طُرُقٍ للتّحايُل على الوسطاء، ولكن بالنسبة لي فإن الشخص أو الوسيط المناسب سوف يصبح «شريك المعرفة» الذي يمكنه مساعدتك بطُرُقٍ عدة، كما هو موضح في الأمثلة بالصفحة السابقة.

ما الذي يتوجب البحث عنه عند تحديد هوية «شريك المعرفة»؟
يجب أن يكون شخصاً:

- مُلِماً بكل المعلومات المتعلقة بالقواعد واللوائح والمشاريع المقبلة والتخطيط المستقبلي للمدن.
- يَتّبِع نهجاً استشارياً وعلى اطلاعٍ واسِعٍ بمبادئ السوق والبيانات والإحصاءات.
- يعتمد بشكل أقل على منشورات المشاريع المُتَكَلِّفَة، وتصوير أساليب الحياة المُغْرِية في البيع.
- يولي العميل جُلَّ اهتمامه في جميع الأوقات والظروف.
- لديه سِجِلٌ حافِلٌ ويمكن التحقق منه من خلال توصيات المتعاملين وشهاداتهم.
- يستخدم التكنولوجيا لخلق المزيد من القيمة في الصفقات العقارية، من خلال البحث والتحليل المُبَرْمَج.
- على علمٍ بجميع المنتجات المتوافرة في السوق.
- على معرفة بدورات السوق الحالية، وأحدث التوجهات ولديه قدرة خاصة على «استنباطها».
- أتعاب خدماته غالباً ما تكون مرتبطة بنجاح الصفقات العقارية فقط.

جدير بالذكر أن النصيحة الصائبة في الاستثمار العقاري قد تُساعدك على جَنْيِ مبالغ لا يمكن الاستِخْفاف بها. لذلك، من المهم استثمار الوقت وبذل الجهود كافة لإيجاد «شريك المعرفة» المناسب.

سأشرح بتفصيل أكبر، عملية تحديد الشريك المناسب لاحقاً في هذا الكتاب. لكن أولاً وقبل كل شيء، أود معالجة سوء فَهْم شائع عن وكلاء العقارات ومدى ملاءمتهم ليكونوا «شركاء معرفة».

جميعنا يُدرِك أهمية الثقة بين الوكلاء والمتعاملين. وللأسف هي في معظم الأحيان ضعيفة، أو حتى إنها غير موجودة عند بعض المتعاملين. وهذه حقيقة مرتبطة بسُمعة الوكلاء أو الوسطاء في معظم دول العالم.

في عام 2014، كتبت رسالة الرئيس التنفيذي لشركتي الخاصة صَرّحت فيها: «معظم الناس لديهم تَحَفُّظ كبير بالنسبة لوكلاء العقارات ولا يملكون القدرة للوثوق بهم».

وقد وجدت في هذا الأمر فرصة كبيرة لانتهازِها في تدشين شركتي اف أي إم العقارية التي أسستها على مبادئ الثقة والشفافية وتطبيق أخلاقيات العمل الصحيحة، لتكون ركيزة أساسية لنمو ونجاح فريق العمل.

كما عمِلتُ، ولا أزال أعمل بجد لترسيخ هذه المبادئ وغرسها في كل فرد بالشركة، بدءاً من التعامل والعمل معهم على ترسيخها في جميع قواعد وقوانين وضوابط طُرُق العمل، حتى يصبحوا جديرين بالثقة بوصفهم «شركاء معرفة».

وسواء كنا نتحدث عن أطباء أو مهندسين أو محامين أو مدرسين أو وكلاء عقارات، ستجد على الدوام الممتاز والجيد والسيئ منهم. كل ما عليك فعله هو استثمار ما يلزم لتحديد الفئة الممتازة، وهذا ما سنقوم بتغطيته في الفصل السابع.

بعد كل هذا الحديث، إذا لم يكن الوكيل العقاري الممتاز هو أفضل من يمكنه مساعدتك في اتخاذ القرارات الاستثمارية الصحيحة؛ فمن هو البديل الأنسب؟

- هل البديل الأنسب «أنت»؟ لقد أثبتنا منطقياً، أنه لا يمكن للمستثمر العادي أن يمتلك خبرة وكيل عقارات يُمارس هذه المهنة يومياً لسنوات عديدة.
- إذا لم تكن أنت؛ فمن يكون؟ هل هو مندوب المبيعات في مكتب للتطوير العقاري؟ كما ذكرت من قبل، يوجد هدف واحد مُلزِم لجميع مندوبي المبيعات في مكاتب المُطَوِّرين العقاريين، وهو السعي والعمل بِجِدّ لبيع العقارات المملوكة للشركات التي يعملون بها، بغض النظر عن كونها الخَيار الأفضل للمتعامل.
- هل هو موظف البنك الذي يعمل في المجال المصرفي طوال الأسبوع؟ أم أي وكيل عقاري تجده؟

إجابتي ستكون «لا شيء مما سبق». هنالك طريقة واحدة فقط للحصول على أكبر استفادة من قرارات استثمارك، وذلك من خلال الاستفادة من خبرات الوكيل العقاري المناسب بدرجة امتياز. ولا يمكن تحقيق هذا الأمر، إلا في حال قمت باستثمار الوقت والجهد في العثور على الشخص المناسب.

عندما تتمكن من ذلك، ستكون قد ضَمِنْتَ إلى صفك شريكاً لا يُقَدّر بثمن.. شخصاً يمكن الوثوق به والاعتماد عليه في كل مرحلة.. ومن دواعي فَخْري أنني أحظى بثقة العديد من المُستثمرين والمتعاملين الذين يعتبرونني «شريك المعرفة» الخاص بهم.

الفصل الخامس

خمسة توجهات استثمارية رئيسة في قطاع العقارات

أبرز النقاط

- أي نوع من الاستثمار العقاري يناسبك؟
  1. **الشراء بغرض الاستخدام الشخصي**
  2. **الشراء لتوفير دخل ثابت من التأجير**
  3. **الشراء بهدف إعادة البيع وتحقيق الربح (Capital Gain)**
  4. **الاستثمار العقاري المؤسسي**
  5. **الاستثمار العقاري الاحترافي**

- متى يكون الاستثمار في العقار سابقاً لأوانه، أو خطوة غير صائبة؟

- هل أنت مهتم بالعمل في مجال العقارات والاستثمار العقاري؟

أي نوع من الاستثمار العقاري يناسبك؟

بمجرد وصولك إلى هذه النقطة من الكتاب، أصبح لديك فكرة عامة وواضحة عن الأرباح المُغْرية التي يمكن تحقيقها نتيجة للاستثمار العقاري الناجح. كما أنك أصبحت مُلِماً بالمخاطر كافة التي يجب عليك تجنبها. تذكر أن مبادئ الاستثمار الصحيح واحدة، بغض النظر عن مكان وجوده في العالم، من دبي إلى دبلن ومن نيوزيلندا إلى نيويورك.

الخطوة التالية التي تُعَد على القدر ذاته من الأهمية تكمن في تحديد الغرض من الاستثمار. هذا الأمر يساعدك حتماً على بدء رحلتك ضمن الأسس الصحيحة وتحقيق أفضل النتائج. والسؤال الذي يمكن طرحه هنا، ما نوع الاستثمار العقاري المناسب لك الذي يتماشى مع نمط حياتك واحتياجاتك أو أهدافك المتعلقة ببناء أو تنمية ثروتك؟

بوجه عام، ثمة توجهات أو أقسام خمسة من الاستثمار العقاري يمكن التفكير فيها: (1) الشراء بغرض الاستخدام الشخصي – رغم أن الدافع الرئيس وراء شراء المنزل هو العيش فيه وليس الاستثمار، إلا أنه لا يزال يشكّل استثماراً عقارياً ذا قيمة عالية؛ (2) الشراء لتوفير دخل ثابت من التأجير؛ (3) الشراء بهدف إعادة البيع وتحقيق الربح (Capital Gain)؛ (4) الاستثمار العقاري المؤسسي. على سبيل المثال لا الحصر، شراء الممتلكات والأصول العقارية بغرض التوسع في مجال العمل، أو توفير مصادر دخل إضافية تساعد على تنويع مصادر الدخل التابعة لمؤسستك أو شركتك؛ و(5) الاستثمار الاحترافي، أي الشراء والتأجير والبيع أو حتى شراء أرض لتطويرها بهدف إنشاء محفظة إيرادات إيجار خاصة بك، أو بهدف إعادة البيع وتحقيق الربح. وأياً كانت الفئة، هناك بعض الأسئلة المهمة التي يتوجب طرحها على نفسك، للتمكن من اتخاذ القرارات الصائبة والذكية، والقابلة للتحقيق.

خَصِّصْ بعض الوقت لإعداد قائمة بخياراتك ورغباتك بناءً على الأسئلة المقترحة في الصفحات التالية. إنّ استثمارك لبعض الوقت في تحديد ماذا تريد بدقة، قد يكون أحد أكثر أنواع الاستثمار حكمة لتخطيط مستقبلك الناجح بإذن الله..

1. الشراء بغرض الاستخدام الشخصي

سواء عَقَدْت العَزْم على السكن فيه أم لا، القاعدة الأولى توجِب التعامل مع شراء الأصول العقارية بوصفها أحد أهم الاستثمارات التي يمكن للفرد القيام بها في كلتا الحالتين؛ فالاستثمار في منزل للسكن فيه يُعَد أكثر من مجرد استثمار.. يمكنك تصميمه بالطريقة التي تريد، وتجعله منزلاً لإنشاء وحفظ أروع الذكريات.

كما أنه يُضفي شعوراً بالطمأنينة والأمان لك ولأفراد عائلتك، وعدم الاضطرار للقلق بشأن تأجير بيت آخر والانتقال كل بضع سنوات. إنّ من شأن هذا الاستثمار أن يُشكّل بديلاً منطقياً لدفع الإيجار في مكان لا تملكه. كما يُعَد وسيلة ليس لتوفير الأموال فقط، وإنما للاستفادة من الزيادة المحتملة لسعر العقار في حال رغبتك بإعادة البيع، أو حتى بوصفه إرثاً للأجيال في المستقبل.

إذا كانت هذه غايتك، إليك عدداً من الأسئلة التي ينبغي أن تطرحها على نفسك:

ما المزايا الرئيسة التي يجب أن تتوافر في العقار ولست على استعداد للتنازل عنها؟ الأمثلة على ذلك عديدة، وتشمل المساحة والشرفة والإطلالة والحديقة وحوض السباحة والخصوصية ومدى نفاذ ضوء الشمس إليه، وقربه من المحال التجارية والمدارس والكليات والجامعات، وتوافر وسائل النقل، والمناظر الطبيعية من شواطئ أو جبال وغيرها، هذه القائمة تختلف من شخص إلى آخر.

ما الميزانية التي حددتها لهذا النوع من الاستثمار؟ وما قدرتك الواقعية على تحمل التكلفة من دون تجاوز حدود ما هو مناسب لك؟

قرض عقاري أم دفع نقدي.. كيف تريد إتمام الشراء؟ هل ترغب في تقسيط المبلغ مع قرض عقاري، أو الدفع نقداً كلياً أم جزئياً؟

- ما مدى رضاك عن مستوى التمويل العقاري والدفع بالأقساط؟ هل قمت بالتخطيط لتوفير السيولة النقدية، وبالتالي سداد المبلغ كاملاً؟

- القدرة على تحمل التكاليف.. هل ميزانيتك تُمكّنك من شراء منزل مع المزايا والمواصفات كافة التي ترغب بها، كما هو مذكور في النقطة الأولى، أم أنك بحاجة إلى إعادة النظر في بعض أولوياتك؟

- ما الإطار الزمني الذي حددته لشراء منزل جديد والانتقال إليه؟ هل في أقرب وقت ممكن، أو الانتظار والتَّرَيُّث قليلاً ومتابعة دورات السوق إلى أن تجد المنزل المطلوب بالسعر المناسب؟

- هل سيصبح «منزل العمر»؟ بمعنى هل تخطط للاستقرار وقضاء بقية حياتك فيه، أم أنه يُعَد خطوة ضمن رحلتك في البحث عن عقار لامتلاكه في الوقت الراهن، مع خطة للمُضِي قُدُماً وفقاً للتطورات التي قد تنشأ في حياتك، أو حاجتك للانتقال إلى بلدة أو مدينة أو منطقة أخرى؟

- كيف ترى حياتك الأسرية ضمن خططك للسنوات العشر المقبلة؟ قد تكون شاباً يرغب في تكوين أسرة، أو قد يكون لديك بالفعل عائلة كبيرة مع أطفال من أعمار مختلفة، ومنهم من يخطط للسفر إلى الخارج للدراسة، أو مُقْبِلٌ على الزواج، أو لديه وظيفة في منطقة أخرى، أو يرغب في البقاء بالمنزل مستقبلاً. كل ما ذُكر، يؤثر في اختيار مساحة وموقع المنزل، ومدى التزامك لتحقيق هذه الأهداف.

- ماذا عن قيمة إعادة البيع؟ إذا كنت لا تخطط العيش في المنزل الجديد لفترة طويلة، هل سترتفع قيمته بما يكفي لتمكينك من اتخاذ الخطوة التالية التي تطمح إليها؟

أي أنواع العقار أفضل بالنسبة إليك الذي يتماشى مع جميع متطلباتك؟ هل تميل إلى النوع الجاهز للشراء والانتقال، عقار مُسْتقِل أو جزء من سلسلة عقارات على الخريطة، أو قيد التشييد، أم أن الخَيار الأفضل يكْمُن في شراء قطعة أرض والبناء عليها وفقاً لتصميماتك وتفضيلاتك الخاصة؟

2. الشراء لتوفير دخل ثابت من التأجير

يعتزم البعض شراء عقار بغرض الاستفادة من إيرادات تأجيره ضمن خطة طويلة الأجل، في حين يُفضّل البعض الآخر الاستفادة من إيرادات تأجير العقار لمدة محددة مع التخطيط للانتقال إليه والعيش فيه مستقبلاً، أو إعادة بيعه.

ومع انتشار فكرة التأجير القصير المدى على نطاق واسع حول العالم، يعْمَد البعض إلى شراء منزل آخر بغرض استخدامه لقضاء فترات عطلاتهم، ثم تأجيره لفترات قصيرة بوصفه بيتاً للعطلات أو الإقامة القصيرة خلال بقية شهور السنة.

لديك خيارات عدة للانتقاء من بينها في حال رغبت بالشراء، وهكذا يمكن أن يكون استثماراً مباشراً بوصفك المالك الوحيد للعقار المؤجر، أو أن يكون استثماراً مشتركاً مع آخرين، على سبيل المثال مع شركات تمويل جماعية للاستثمار، أو مع مؤسسة خاصة تستثمر في العقارات.

وإذا كنت تفكر في الاستثمار وشراء عقار للتأجير لاحقاً، عليك أن تسأل نفسك الأسئلة التالية:

ما ميزانيتك؟ وما قدرتك الحقيقية للاستثمار التي يمكنك تحمّلها؟

ما تفضيلاتك الرئيسة للاستثمار؟ عقار مستأجر ومُلكية مُدارة، أو موقع قريب من محل إقامتك أو عملك، إذ إنك على دراية بالمنطقة ومن السهل عليك إدارة العقار بنفسك؟

- قرض عقاري، أم دفع نقدي.. هل ستقوم بدفع ثمن العقار كاملاً عن طريق طلب قرض عقاري من البنك، أو أنك ستدفع نقداً؟

- هل ترغب في شراء عقار مؤجّر بالفعل، أو عقار شاغر جاهز للتأجير، أو قطعة أرض لتشييد وحدة سكنية لتأجيرها لاحقاً؟

- ما قيمة عوائد أرباح تأجير العقار التي تتوقع الحصول عليها من المستأجر / المستأجرين؟

- هل سيغطي الدخل من التأجير المتوقع أقساط قرضك العقاري، أم سيغطي نفقاتك المالية؟

- إدارة العقار.. هل ستقوم بإدارته بنفسك؟ أم أنك بحاجة إلى تعيين شخص ما، والدفع له للقيام بذلك نيابة عنك؟

- ما المدة التي تنوي الاحتفاظ بها بالعقار؟ هل هو استثمار متوسط أم طويل الأجل؟

- هل قمت بحساب جميع التكاليف والمصاريف الدورية المتعلقة بالعقار الذي تنوي الاستثمار فيه، حتى تتمكن من حساب صافي عوائد الأرباح بعد تغطية التكاليف كافة؟

- ما استراتيجيتك للتخارج من الاستثمار؛ في حال كان ذلك أحد أهدافك الرئيسة منه. كيف ومتى ستقوم ببيع عقارك الذي اشتريته بغرض بيعه لاحقاً؟

3. الشراء بهدف إعادة البيع وتحقيق الربح (Capital Gain)

كما ذكرتُ من قبل، جدوى الاستثمار العقاري تقوم على عوامل عدة، من أبرزها الخبرة والممارسة والتكلفة والموقع. وبينما يُعَد الاستثمار في العقارات التي تَدُرّ عائداً ثابتاً عبر تأجيرها هدفاً مرغوباً من قِبَل الكثير

من المستثمرين، فإنه بإمكانك تحقيق أرباح أعلى بكثير عند القيام بشراء العقارات أو تجديدها، ثم إعادة بيعها لاحقاً بسعر أعلى من تكلفتها. وسواء كان الغرض من هذا الاستثمار يكمن في الحصول على دخلٍ ثابتٍ أو غير ذلك، فإن جميع العقارات التي تستثمر فيها، تخضع لاحتمالية ارتفاع قيمتها، لكن الفرق هو أنه عندما يكون الهدف الرئيس من شراء عقار لإعادة البيع وتحقيق الربح (Capital Gain)، تكون جميع أولويات عملية البحث والتحليل والمقارنة والانتقاء تصب في مصلحة شراء العقار الذي يحقق ربحاً أعلى عند إعادة البيع، ولو كان ذلك على حساب عوائد تأجير أقل خلال الفترة بين الشراء وإعادة البيع في حال كان العقار مؤجراً، أو قابلاً للتأجير.

فيما يلي بعض الأسئلة التي يجب عليك مراعاتها عند استهدافك لتحقيق الربح عند إعادة البيع (Capital Gain):

- ما **الميزانية** التي حددتها لهذا الغرض؟

- **قرض عقاري أم دفع نقدي..** ما طريقة التمويل التي ستتبعها؟

- هل تنوي شراء قطعة أرض لتطويرها وبنائها ومن ثم بيعها، أم ستختار شراء **عقار على الخريطة**، أو **قيد الإنشاء**، أو **عقار جاهز**؟

- **ما الذي تستهدفه في قطاع الاستثمارات العقارية؟** سكني، تجاري، عقارات متميزة أو لذوي الدخل المحدود؟ وما مدة الاستثمار المستهدفة؟ ومن هو المستثمر المستهدف الذي سيشتري منك عند إعادة البيع؟ ولماذا؟

- بوصفك مالكاً للعقار، ما هي **العوامل الأساسية والمتغيرات الرئيسة** التي تحكم، أو تؤثر في قطاع السوق العقاري و / أو **الموقع الجغرافي** الذي تنوي الاستثمار فيه؟

في أية مرحلة من دورات السوق تنوي الدخول للشراء؟ هل في أوج وازدهار السوق وارتفاع الأسعار، أم عندما تنخفض؟ وهل تتوقع التخارج من الاستثمار (إعادة البيع) خلال دورة السوق نفسها، أم أنك تستهدف الشراء الآن والانتظار إلى أن يخضع السوق لظروف جديدة تلائم خططك في التخارج وإعادة بيع العقار؟ على سبيل المثال، شراء عقار في ظل أزمة يمر بها السوق والانتظار إلى أن يتعدّل وضعه لإعادة البيع، أم أنك تشتري عندما يكون السوق بارتفاع مستمر مع النية بإعادة البيع في أسرع وقت ممكن، للاستفادة من المرحلة الذهبية التي يمر بها السوق العقاري؟

تجدر الإشارة إلى أنه في الفصل السابع من الكتاب، توسعت كثيراً في شرح مكاسب وأرباح إعادة البيع (Capital Gain) وآلية عملها.

4. الاستثمار العقاري المؤسسي

قد تبحث عن عقار لشرائه ويكون مقراً لشركتك وإدارة أعمالك بدلاً من التأجير و / أو الاستثمار في عقارات أو أراضٍ بوصفها مصدر دخل إضافي جنباً إلى عملك الرئيس، أو شركتك الخاصة.

غالباً ما تتوجه الشركات أو المؤسسات لتنويع مصادر دخلها والحصول على إيرادات ثابتة ومستقرة عن طريق تملك أصول عقارية. معظم المؤسسات الضخمة والشركات الكبرى العالمية الناجحة تمتلك أصولاً عقارية بهدف الاستثمار.

الأسئلة التالية لك ولشركائك في العمل للإجابة عنها:

لِمَ الشركات أو المؤسسات تعمد إلى الشراء وليس التأجير؟ ما الفوائد المُتَوَخّاة؟ ولماذا هذه السياسة تحديداً؟

هل تتماشى هذه السياسة مع خطة أعمال الشركة أو المؤسسة للسنوات الخمس المقبلة؟ وكيف يتناسب الاستثمار في العقارات مع رؤية الشركة أو المؤسسة العامة؟

في حال تغيير خطط العمل، هل يمكن أن تَعْهَدَ الشركة أو المؤسسة بالعقار إلى مستأجر آخر مختلف؟

ما الميزانية التي تم تحديدها لهذا الأمر؟ وما قدرة الشركة أو المؤسسة على توفير السيولة، وتوقعات نمو رأس المال المُسْتَثْمَر، والتوسع وما إلى ذلك؟

قرض عقاري أم دفع نقدي.. أيهما يُشكّل خَياراً أفضل، دفع المبلغ كاملاً مرة واحدة، أم توزيعه وتقسيطه على عدد من السنوات؟

هل من جدوى قيّمة تضاف إلى الشركة أو المؤسسة عن طريق الاستثمار العقاري؟

ما استراتيجية إعادة البيع أو التأجير الخاصة بك؟ كيف ومتى ستقوم بها، لو كان هذا ما تنوي فعله؟

5. الاستثمار العقاري الاحترافي

المجموعة الأخرى من المستثمرين الذين سأتطرق إليهم هم الذين يفكرون في الاستثمار العقاري على أنه عمل ومصدر دخل رئيس في الوقت ذاته، أو وظيفة بدوام كامل، إذ إنهم يعملون لصالح أنفسهم، أو بوصفهم جزءاً من مجموعة استثمارية متخصصة بالاستثمار العقاري. وفي حال كنت مُستثمراً مُحترفاً، فمما لا شك فيه أن خبرتك تشمل الأساليب والطرق التي حددتها لفئات المستثمرين الأربع الأخرى، حيث إنني على يقين من اتباعك لنموذج العمل المُحتَرِف.

وعلى الرغم من ذلك، إلا أنني أتطلع إلى أن يُعَزّز هذا الكتاب من معرفتك ويُسْهِمَ في تنمية أفكارك في هذا القطاع؛ خاصة الطريقة التي تجمع وتُحلل بها بيانات وإحصاءات السوق العقاري على سبيل المثال، أو لتحسين تعاملك وردود فعلك لتقلبات ودورات السوق.

أحد أبرز الموضوعات التي تُلهِمُني وتُحَفِّزُني باستمرار، هو الشغف الدائم للتعلم والمعرفة التي سأنتفع بها في تنفيذ أعمالي، وأنا على ثقة من أنها تنفعك أيضاً.

وإذا كنت تفكر في الحصول على وظيفة متخصص في القطاع العقاري، أو أنك فعلاً كذلك وتبحث عن مؤسسة جديدة بما يتناسب مع

تطلعاتك، أود أن أشاركك تجربتي وأقدم بعض الإرشادات. وكل ذلك ستجده في الصفحة التالية.

ملاحظة مهمة للجميع: من الممكن أنك تمتلك توجهاتك الخاصة، أو تنتمي لأكثر من جملة التوجهات العقارية الخمس الرئيسة، ولكن أياً كان توجّهك، فإن جميعها ينطبق عليها مبادئ الاستثمار نفسها، وسأتطرق إليها في القسمين الثالث والرابع من هذا الكتاب.

بادئ ذي بدء، ثمة سؤال بسيط ولكن من الضروري أن تطرحه على نفسك، وهو:

متى يكون الاستثمار في العقار سابقاً لأوانه، أو خطوة غير صائبة؟

هل باستطاعة الجميع الاستثمار في العقارات؟ نعم بالتأكيد، لكن ليس في حال انطبق عليك أحد الاحتمالات التالية:

- عندما تكون مُتْخَماً أو مرتبطاً باستثمارات عديدة، ما يترتب عليك الكثير من الالتزامات المادية.
- عدم امتلاك الخبرة الوافية في سوق العقارات.
- لا ترغب في استثمار الوقت بتحديد شريك المعرفة، أو المستشار، أو الوكيل المناسب.
- لا يمكنك استثمار الوقت والجهد اللازمين لفَهْم خبايا السوق بنفسك. بإيجاز، في حال تعَذَّرَ عليك تلبية الشروط الأساسية التي تضمن لك فرصة الاستثمار بأمان وتحقيق الربح في العقارات، أو تحمّل المخاطر المرتبطة به، عليك أن تُفكّر مَلياً قبل اتخاذ أي قرار بالمتابعة، وأنصحك بعدم البدء بأي استثمار عقاري. والأهم من ذلك - وهي واحدة من أهم الرسائل التي أريد أن تصل إليك - أنك إذا كنت غير قادر أو غير راغب في استثمار الوقت والجهد لفَهْم خبايا السوق واكتساب المعرفة اللازمة لاتخاذ قرارات استثمارية سليمة ومدروسة، إما بنفسك أو عبر مستشار موثوق، فأنت لست مستعداً لأن تصبح مستثمراً ناجحاً.

في حال كنت واثقاً من استعدادك التام للاستثمار؛ فهذا يعني أن الوقت قد حان للانتقال إلى المرحلة التالية والبدء بالخطوات الصحيحة والمُضي قُدُماً. ويُسعدني أن أكون مُرشِدَك لضمان أعلى فرص النجاح لك ولاستثماراتك.. فلنبدأ!

هل أنت مهتم بالعمل في مجال العقارات والاستثمار العقاري؟

قبل أن نُنْهي هذا الفصل، أرغب في توجيه رسالة لأي فرد كنتُ سبباً في إِلهامِهِ عبر مشاركتي لقصتي الشخصية في القسم الأول، وقد يُبْدي اهتمامه بالانضمام إلى مجال العقارات والعمل بمهنة وكيل عقارات. ففي حال شعرت عند قراءة هذا الكتاب بأن هذا المجال مناسب لك، لا تتردد في الاتصال بنا في اف أي ام العقارية، لأننا غالباً ما نبحث عن أفراد تتملكهم الحماسة للانضمام إلينا وسيسعدنا التحدث إليكم. جدير بالذكر أنه في ختام هذا الكتاب، سأشاركك بعض الرؤى القيّمة حول اختيار قطاع العقارات بوصفه وظيفة مربحة على المدى الطويل.

القسم الثالث
من هنا تبدأ رحلتك في عالم الاستثمار

«الاستثمار في المعرفة يحقق أفضل العوائد على الإطلاق».

- بنجامين فرانكلين

الفصل السادس
كيف تعرف أنك على الطريق الصحيح؟

أبرز النقاط

- عشر خطوات أساسية
  - الأولى – تعرف إلى السوق وخباياه بشكلٍ عام
  - الثانية – الاستثمار في منطقة أو حيٍّ معروف
  - الثالثة – تقييم واختيار شريك المعرفة بشكل متقن
  - الرابعة – مهارات التواصل والمقارنة
  - الخامسة – وضع استراتيجية لإعادة البيع والتخارج
  - السادسة – طرح الأسئلة باستمرار وعدم التردد في زيارة موقع العقار أو الوحدة العقارية
  - السابعة – استشارة الخبير المتخصص في قطاعه التجاري المحدد
  - الثامنة – التفاوض بحكمة وعدم التردد
  - التاسعة – إتمام الصفقة
  - العاشرة – تطوير علاقة العمل مع الخبير العقاري على المدى الطويل
- أهم دورات الأسواق:
  - أوقات النمو والتوسع والازدهار
  - أوقات انخفاض الأسعار والرّكود
- هل أنت مستعد للخطوة التالية والخوض في رحلتك الاستثمارية؟

سواء كنت تمتلك خبرة فعلية في مجال الاستثمار العقاري، أو كنت جديداً على السوق، فإنك بحلول الوقت الذي تصل فيه إلى هذا الجزء من الكتاب، ستدرك أن النجاح في هذا المجال لا يتعلق بالحظ أو حتى التكهنات، وإنما يرتبط بشكل وثيق بمهارات مُعيّنة، بما فيها المعرفة الوثيقة بدورات السوق التي تساعد على تحقيق الأهداف المرجوة والنجاح في أحد أكثر أنواع الاستثمار أماناً وتوفير فرصة للربح.

مما لا شك فيه، أن الاستثمار في العقارات غايتك المنشودة للادخار وزيادة الأرباح.

عشر خطوات أساسية

هل أنت على الطريق الصحيح؟ يُعَد هذا السؤال مهماً للغاية في مجال الاستثمار العقاري، فكيف تكون البداية؟

فيما يلي أضع بين يديك دليلاً شاملاً لأهم الخطوات الواجب أخذها بالاعتبار لبناء أساس متين وتعلّم كل ما يلزم قبل البدء في رحلتك نحو تحقيق النجاح في هذا المجال.

الأولى - تعرّف إلى السوق وخباياه بشكلٍ عام

بعد تحديد ما يناسبك من الاستثمار العقاري وإعداد الميزانية وكيفية التمويل والأهداف والتفضيلات باتباع الإرشادات الواردة في الفصل الخامس، ستحتاج إلى اكتساب فَهْمٍ عام للسوق. لذلك، فإن زيارة مناطق مختلفة ومطورين ووسطاء ومواقع إلكترونية من شأنها أن تسهم في تعزيز معرفتك بالسوق.

الثانية - الاستثمار في منطقة أو حيٍّ معروف

أنْ تبدأ الاستثمار للمرة الأولى في الحيّ الذي تعيش فيه، أو الذي كنت تعيش فيه سابقاً، أو حيّ جديد تعرفت إليه من خلال زياراتك للأماكن المختلفة، خطوة مهمة حتماً، وهي تُعد مفتاحاً لكل الخطوات الأخرى اللاحقة لتحقيق استثمار ناجح. ولكن، إذا صادفت منطقة أو مشروعاً جديداً أفضل من الموقع الحالي؛ فلا تتردد في اقتناص الفرصة وبادر إلى الاستثمار بعد اتباع خطوات البحث والمقارنة الأساسية نفسها التي أشرت إليها سابقاً في الفصل الخامس، لكن الفرق الوحيد يكمن في أنه يتعين عليك استثمار المزيد من الوقت والجهد للوصول إلى المعلومات اللازمة التي تحتاج إلى معرفتها عن المشروع الجديد، ومقارنته بمشروع آخر مألوف بالنسبة إليك.

الثالثة – تقييم واختيار شريك المعرفة المناسب بشكل متقن

هذه الخطوة مهمة للغاية في مجال العقارات، ليس فقط من أجل البحث عن شريك المعرفة المناسب كما ذكرت آنفاً، ولكن لمساعدتك أيضاً عند الحاجة، لتقييم أي خبير محترف آخر. على سبيل المثال، في حال التعامل مع الضرائب والشؤون القانونية وإدارة الممتلكات. بداية، دعني أسلّط الضوء على «شريك المعرفة» في القطاع العقاري، إذ عليك اختبار وتقييم نهجه العام في إدارة الأعمال العقارية، وذلك من خلال:

1. **الاقتناع بأهليته** والطريقة التي يطرح من خلالها الفرص الاستثمارية العقارية المختلفة.

2. **تقييم** نصائحه وإرشاداته الاستثمارية العقارية تجارياً، وكيف يدعم جدواها.

3. **البحث والتحقق من** صحة البيانات وإحصاءات السوق التي يعرضها الخبير العقاري لدعم فرضياته الاستثمارية. سأتوسع أكثر في هذا الموضوع في القسم الرابع من الفصل التاسع.

4. **تحديد المدة** التي قضاها الخبير العقاري في شركته الحالية، وهل يُمارِس التفكير قصير المدى، أم طويل المدى؟ قد تكون خبرته مع المتعاملين التي اكتسبها في هذا المجال غير كافية في حال عَمِلَ لمدة قصيرة في وظيفته السابقة. بادر إلى تقييمه أيضاً، من خلال إنجازات الشركات التي عمل بها في السوق العقاري، أو المنطقة والخبرات المتعلقة بمشروع ما، وسرعة استجابتهم والوفاء بوعودهم، فضلاً عن تجربتهم الشاملة في خدمة المتعاملين. والأهم من ذلك كله، القِيَم والمبادئ التي تم انتهاجها.

5. **تبيُّن وتمييز إذا كان يقوم بنشر تقارير منتظمة** تتضمن البيانات والتوجهات الشائعة في السوق، وهل **يحفل سِجلّه** بالمبيعات والتسويق، أو التأجير؟ كم من سنوات الخبرة يمتلك؟ وما الذي يمكن العثور عليه خلال تصفُّح حساباته أو مواقعه الإلكترونية على الشبكة العنكبوتية؟ إضافة إلى التأكد من كونه على دراية بالسوق العقاري المحلي، أو أنه يعمل لدى مجرد علامة تجارية دولية ذات خبرة محلية محدودة أو أنها حديثة العهد؟

6. تقييم براعته بمجال التكنولوجيا؛ إن مهارة «شريك المعرفة» أو معرفة الخبير العقاري بالتكنولوجيا من شأنها توفير العناء والإسهام بشكل كبير في شؤونك الاستثمارية العقارية. ومن الضروري معرفة كيف لقدراته في التكنولوجيا أن تساعد على أن تصبح القرارات التي يتم اتخاذها أكثر ذكاءً؛ فالشركة التي تبرع في انتهاج التكنولوجيا تمتلك ميزة تنافسية أكبر من المستثمرين الآخرين الذين لا يزالون يتعاملون مع الوسطاء بأساليب قديمة، والذين لا يستخدمون التكنولوجيا الحديثة عند تحديد الفرص في السوق العقاري، وتالياً اغتنامها.

7. الشركة والعلامة التجارية، وليس فقط الفرد. على الرغم من الخبرة التي يمتلكها أي فرد منا، إلا أنه قادر - فقط - على توفير عدد محدود من الخدمات. لذلك، من الأهمية بمكان إلقاء نظرة فاحصة على الشركة أو المؤسسة التي يعمل بها الخبير العقاري، والتأكد من سمعتها في السوق لتحديد الأعمال التي يمكنه تنفيذها. كذلك، يتوجب عليك ألا تتردد في القيام بتحديد ذلك الشخص الجدير بالثقة في أقرب فرصة ممكنة لتلبية أية أعمال مستقبلية.

على سبيل المثال، إذا كنت بصدد شراء عقار أو وحدة عقارية قيد الإنشاء؛ فهل ستوفر الشركة التي يعمل بها الخبير العقاري خدمات تسليم الممتلكات ومُعاينة وتفتيش العقار لمساعدتك في تحديد وقت استلام العقار؟ وهل تقدم خدمات تأجير وإدارة الممتلكات لمساعدتك في إيجاد واختيار المستأجرين المناسبين؟ وهل يمكنها أيضاً أن توفر الخدمات اللازمة لمساعدتك على إعادة البيع؟ وفي حال كنت ترغب بإعادة البيع؛ فهل يعمل لدى الشركة خبير عقاري متخصص في خدمة إعادة البيع؟ علاوةً على ذلك، هل تقدم هذه الخدمات بالاستعانة بطرف ثالث آخر، أم الشركة ذاتها تُعد مرخصة لتوفير تلك الخدمات؟ وهل تُعد الأفضل في هذا المجال، أم لا؟ من الضروري التحقق من كل ما سبق، إذ هي حال معظم الوسطاء العقاريين الذين يقولون: «بادر بالشراء وسنتكفل بالإجراءات كافة من أجلك لاحقاً»؛ وهنا يقع على عاتقك تحديد مدى صحة ما يقولون!

الرابعة - مهارات التواصل والمقارنة

بمجرد تحديد الخبير العقاري المناسب، يتوجب توضيح الغرض الرئيس من الاستثمار والشروط الخاصة بك وتفضيلاتك، ثم بادر إلى المقارنة بين إيجابيات وسلبيات العروض المختلفة. في الفصل العاشر بالقسم الرابع من هذا الكتاب، سيتم توضيح طريقة عملية يمكِنُكَ تطبيقها عند

مقارنة العروض المختلفة واختيار الأنسب بناءً على أفضل عائد للاستثمار العقاري يمكن أن يوفره لك.

الخامسة – وضع استراتيجية لإعادة البيع والتخارج

من الضروري وضع استراتيجية لإعادة البيع والتخارج خاصة بك منذ البداية، وذلك بناءً على الأهداف التي تطمح إلى تحقيقها. وكما ذكرت من قبل، الاستثمار في العقارات يتم على المديين المتوسط، أو الطويل.

تعلّم واطْرح الأسئلة وحلّل ولا تتردد في فَهْمِ الشخص الذي سيقوم بالشراء، أو الاستئجار منك. واستناداً إلى حال السوق العقاري من أرقام وإحصاءات يمكن اختيار الوقت المناسب لإعادة البيع والتخارج.

السادسة – طرح الأسئلة باستمرار وعدم التردد في زيارة موقع العقار أو الوحدة العقارية

تَحقّق من كل ما يتعلق بالعقار بنفسك. كما يتوجب على الخبير العقاري المناسب أن يكون قادراً على الإجابة عن تساؤلاتك كافة لِدَرْءِ أيّة مخاوف وشكوك لديك. لكن في الوقت ذاته، من الضروري زيارة المنطقة أو الموقع الذي ترغب الاستثمار فيه بنفسك. لا تُقْدِمْ أبداً على الشراء بمجرد رؤية عرض ترويجي، أو نموذج مصغّر، أو حتى مقطع مصوّر في فيديو. يتوجب عليك الاطلاع شخصياً على العقار أو الوحدة العقارية وأي مشاريع جديدة مجاورة.

السابعة – استشارة الخبير المتخصص في قطاعه التجاري المحدد

1. الضريبة:- لا توجد قواعد محددة لأفضل هيكل تنظيمي ضريبي، لكونها تختلف من سوق إلى آخر. كما أنها تتأثر وبشكل كبير بنوع العقار، فضلاً عن مدة الاستثمار وقيمة العقار مقابل التصنيف والتقييم المصرفي له – غالباً ما تتغير هذه القواعد وتتطور باستمرار – نصيحتي هنا تكمن في طلب المشورة فيما يخص الضريبة من خبير ضرائب فقط، وليس من الوكيل أو المُطَوِّر العقاري أو حتى المحامي، حيث يتعين عليك التخطيط لأفضل هيكل ضريبي ممكن قبل الشراء – وليس بعده – واحرص على التواصل مع خبير الضرائب واستمر في استشارته حول الأنسب قبل الإقدام على أي استثمار.

لنأخذ سوق العقارات في دبي مثالاً؛ تُعد الإمارة ملاذاً ضريبياً آمناً للاستثمار العقاري، حيث لا توجد ضريبة على عوائد الاستثمار العقاري،

أو ضريبة ميراث أو ضريبة دخل لتأجير العقارات السكنية، وذلك وفق ما ورد في شهر كانون الثاني (يناير) مطلع عام 2022، ولكن ثمة ضريبة مفروضة على العقارات التجارية؛ فعلى سبيل المثال لا الحصر، إذا كنت تنوي شراء عقار ضمن مشروع للشقق الفندقية (وحدة واحدة)، فإنها تخضع لقانون الضريبة بوصفها استثماراً تجارياً وليس لغايات السكن.

2. القانون:- في جميع الأوقات، يُفضل دائماً طلب المشورة القانونية من محامي عقارات متخصص، وذلك قبل توقيع أي عقد للتأكد من أن كل الشروط والبنود المتفق عليها نافذة ومستوفاة بموجب العقد.

جدير بالذكر أن وظيفة المحامين تنحصر فقط في تقديم المشورة فيما يخص عناصر، أو بنود وشروط الاتفاقية، أو العقد الواجب إبرامه.

الثامنة - التفاوض بحكمة وعدم التردد

بغرض حماية مصلحتك الشخصية، لا تدفع الطرف الآخر إلى خفض الأسعار، إذ قد يتفاجأ البعض بمعرفة أنه في بعض الأحيان يمكن للضغط الزائد على البائع أن يؤدي إلى إلحاق الضرر باستثمارك. لذلك، لا تكن جَشِعاً، ولا تؤخر قراراتك.

بيت القصيد هنا، اعمل على اتباع اختبار جيد وتطبيق عملية التقييم المنهجي للتأكد من أنك تتخذ القرار الصحيح. ولا تُفْرِط في التفكير أيضاً، وكن واثقاً من نفسك. سأخبرك المزيد عما تحتاج إليه للتفاوض وإتمام الصفقات وذلك في الفصل الحادي عشر.

التاسعة - إتمام الصفقة

عندما تنتهي من كل ما سبق ذكره من خطوات، فإن الوقت قد حان للمُضي قُدماً في إتمام الصفقة. تأكد من الاحتفاظ بجميع مستندات ومخططات الطوابق وخرائط الموقع وتقارير المعاينة ومستندات الملكية وإيصالات الدفع وما إلى ذلك في ملف وحفظه في مكان آمن، يسهل وصولك إليه بشكل سريع.

العاشرة - تطوير علاقة العمل مع الخبير العقاري على المدى الطويل

يجدر بك، بعد استثمار الوقت والجهد والمال في تحديد هوية الخبير العقاري أو شريك المعرفة، أن تحقق أقصى استفادة من علاقة العمل

القيّمة التي تربطك به، إذ إن خبراء العقارات يحرصون دائماً على التواصل مع المستثمر الأكثر موثوقية أولاً، خاصة عندما تتسنى لهم فرصٌ استثمارية كبرى.

أهم دورات الأسواق

بمجرد أن تكتسب المعرفة والمهارة والخبرة اللازمة وتصبح مستثمراً عقارياً، يمكنك القيام بدور المُشتري، أو البائع بناءً على حال السوق العقاري والتخطيط بكل ثقة لمُستقبل مُبْهِر.

إذاً، أنت الآن في خِضَم اللعبة، وتستثمر مبالغ طائلة، وأنت على يقين من نجاحك وتعمل على زيادة مُدّخراتك. لكن ثمة قواعد مهمة يجب أن تؤخذ بالاعتبار، ألا وهي أحوال الأسواق التي تكون متقلبة من حين إلى آخر، وتعمل بشكل مختلف، وذلك خلال أوقات النمو والتوسع وأوقات انخفاض الأسعار والركود:

في أوقات النمو والتوسع والازدهار

- يتردد المالكون أحياناً في عمليات البيع، إذ دائماً ما يستهدفون أسعاراً أعلى، ما يُعَد أمراً طبيعياً؛ فهم يأملون في الحصول على أفضل سعر ممكن لممتلكاتهم.
- يلجأ بعض أصحاب الأصول من العقارات المتميزة وأفضل الوحدات العقارية إلى رفع الأسعار بشكل كبير، ومع نمو الأسواق يميلون إلى الاعتقاد أن بإمكانهم الحصول على سعر أعلى.
- ثمة عقارات أو وحدات عقارية في مناطق رئيسة أو مهمة، تستقطب الكثير من أثرياء العالم، لذلك تصبح باهظة الثمن ويصعب الحصول عليها؛ فإذا كنت تبحث عن شراء عقار أو وحدة عقارية في قلب مدينة، أو منطقة راقية، أو أحد المواقع الحيوية، فإنه لا بد وأن ترتفع أسعارها إلى أعلى مستوياتها.
- التعايش مع واقع مفهوم «الطلب أعلى من العروض»، حينها يسعى المستثمرون والمستأجرون إلى شراء أو تأجير العقارات وفق ما يناسب خططهم. لكنهم في الوقت ذاته، يدركون تماماً أن الأسعار والعروض تخضع لقرارات المالكين والبائعين الذين بدورهم يَعْمَدون للاستفادة من مُجريات الأسواق لما فيه صالحهم.
- من الضروري معرفة أن معظم المستثمرين والمستأجرين يعتمدون في قراراتهم، على ميزانياتهم ونوعية العقارات التي يمكنهم الحصول عليها حسب إمكاناتهم المالية (الملاءة المالية).

في أوقات انخفاض الأسعار والرّكود

- تهبط أسعار العقارات وتصبح منخفضة التكلفة إلى حدٍّ ما، لأن أحوال السوق قد تغيرت وباتت العروض أكثر من الطلب.
- يلجأ غالبية المالكين إلى بيع أو تأجير عقاراتهم حتى لو كان بثمنٍ أو سعرٍ أقل مما قد خططوا له.
- تصبح أفضل العقارات أو الوحدات العقارية المتميزة، مُتاحة وأسعارها معقولة، ما يجعل الوقت مثالياً للاستثمار وشرائها.
- يميل السوق إلى كفة المشترين والمستأجرين، ما يجعلهم انتقائيين في اختياراتهم بشكل كبير؛ فهم يعرفون أنهم مُتنفِّذون ويسعون للحصول على أفضل صفقات العقارات السكنية أو الوحدات المتوافرة في السوق.
- في هذه الحال، الدافع الرئيس لقرار معظم المشترين يكمن في مدى جاذبية العقار وتميّز موقعه في ظل وفرة العروض وقلة الطلب.

وتجدر الإشارة هنا إلى أهمية إدراك وفَهْم حال الأسواق بشكل كبير ومُتقن، وذلك سواء كنت ترغب بالشراء أو البيع. على سبيل المثال، إذا كنت تستثمر في عقار متوسط التكلفة في مشروع معين، فعليك أن تأخذ في الاعتبار استراتيجية إعادة بيع هذا العقار التي قد تُشكّل عملية صعبة خلال أوقات انخفاض الأسعار وركود الأسواق. أما إذا كنت ترغب في امتلاك عقار تسهل إعادة بيعه في أي وقت، بغض النظر عن ماهية السوق العقاري، في هذه الحال ربما يجدر بك التفكير في الاستثمار بالعقارات المتميزة والفريدة فقط. فإن كان المشروع الذي ترغب بالشراء والاستثمار فيه يوفر لك تخطيطاتٍ وأحجاماً ومناظر وزوايا عدة مختلفة، اختر الأفضل من بين الوحدات العقارية فيه، لأنه وحسب ما أوضحت سابقاً يمكن بيعها بسهولة.

سأتحدث أكثر عن دورات السوق العقاري في مختلف مراحل دورتي «النمو والتوسع» و«انخفاض الأسعار والركود» في الفصل الثامن.

لماذا؟ أين؟ كيف؟ الميزانية.. الأهداف..

هل أنت مستعد للخطوة التالية للخوض في رحلتك الاستثمارية بالعقارات؟

قبل المُضي قُدُماً والاسترسال أكثر في الفصول اللاحقة، أودّ منك طرح الأسئلة التالية على نفسك، وذلك خلال مراجعة خطتك والتأكد من أنك على الطريق الصحيح.

- لِمَ تريد الاستثمار في العقارات؟
  - للحصول على دخل إضافي؛
  - للعيش والسكن فيه؛
  - للمحافظة على أصولك من مُدّخراتك؛
  - للاستفادة من الربح عند إعادة البيع؛
  - لاستخدام العقار ليكون مقراً لأعمالك.
- ما المكان أو المنطقة التي ترغب بالاستثمار فيها؟ وهل أنت على معرفة ودراية بها بشكل جيد؟
- هل حددت ميزانيتك؟
- كيف ستموّل استثماراتك؟ هل ستلجأ إلى قرض مصرفي؟ إذا كانت الإجابة نعم؛ فكم تبلغ قيمة المال الذي ستقوم باقتراضه؟
- ما أهدافك على المديين المتوسط، أو البعيد؟ بعبارة أخرى، هل لديك استراتيجية لإعادة البيع والتخارج؟

عندما تتوصل إلى إجابة شافية عن هذه الأسئلة، بادر إلى وضع خطة مناسبة للبدء في رحلتك بالاستثمار في العقارات، والوقت اللازم والجهد الذي تحتاج لبذله، إلى جانب التخطيط ووضع الميزانية. كما ينبغي أن تحدد لنفسك وقتاً زمنياً للوصول إلى كل مرحلة رئيسة وتحقيق النجاح.

الفصل السابع

كيف يجني مستثمرو العقارات المال من استثماراتهم؟

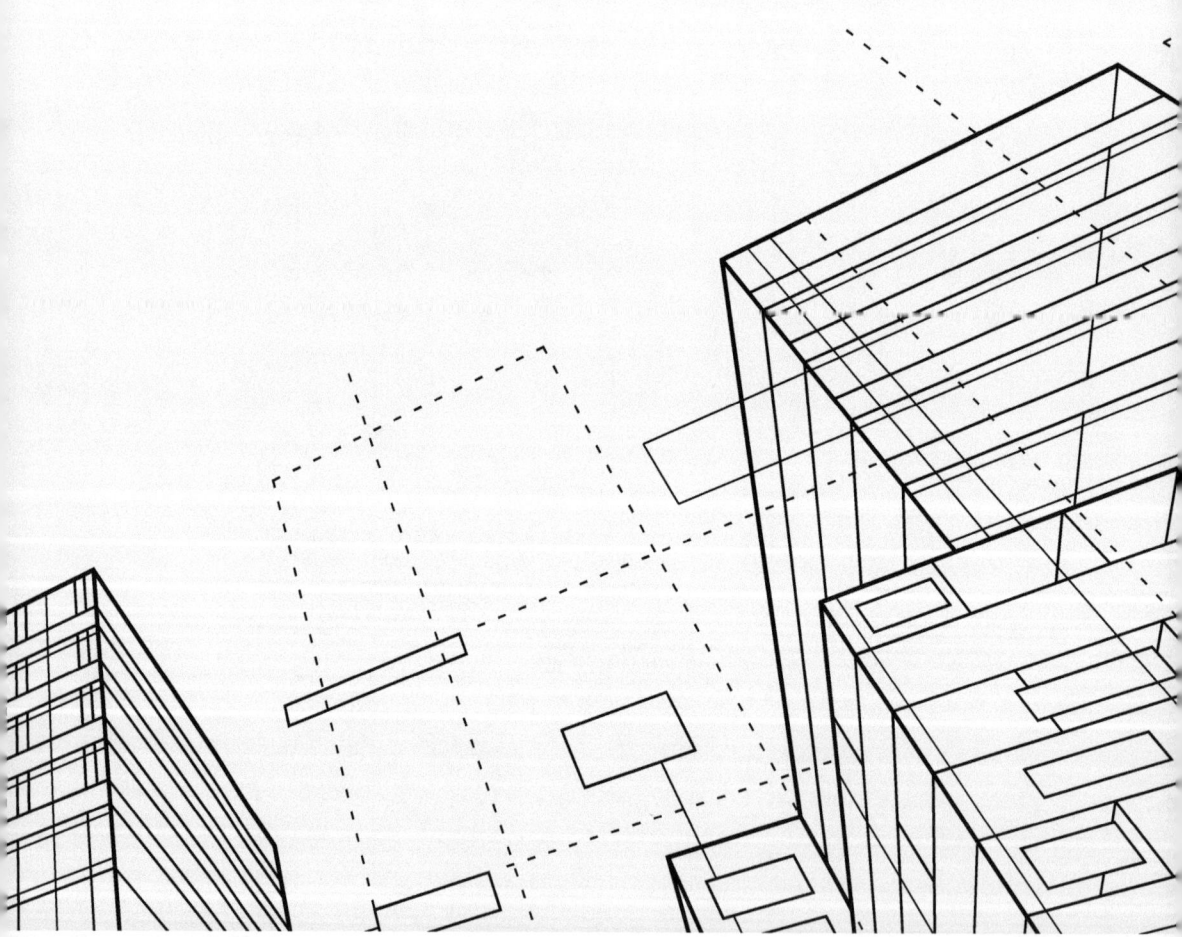

أبرز النقاط

- مكاسب رأس المال عند إعادة بيع العقار (Capital Gain)
- إيرادات التأجير
  - **حساب صافي إيرادات التأجير السنوي**
  - **ستة عوامل رئيسة للتركيز عليها**
  - **أهمية الاستشارات الاحترافية**
  - **الملكية الفردية**
  - **الاستثمار المشترك**
    - — التمويل العقاري الجماعي المؤسسي (Real Estate Crowdfunding)
    - — محافظ الاستثمار العقارية الخاصة (Real Estate Private Equity)
- العوامل المؤثرة عند الشراء، أو الاستثمار لتوفير دخلٍ من التأجير
- العوامل المؤثرة عند الشراء، أو الاستثمار لتحقيق أرباح مالية عند إعادة بيع العقار (Capital Gain)
- القرار الكبير
  - **تحقيق الثروة.. عبر إيرادات التأجير، أو مكاسب رأس المال بعد إعادة بيع العقار (Capital Gain)!**

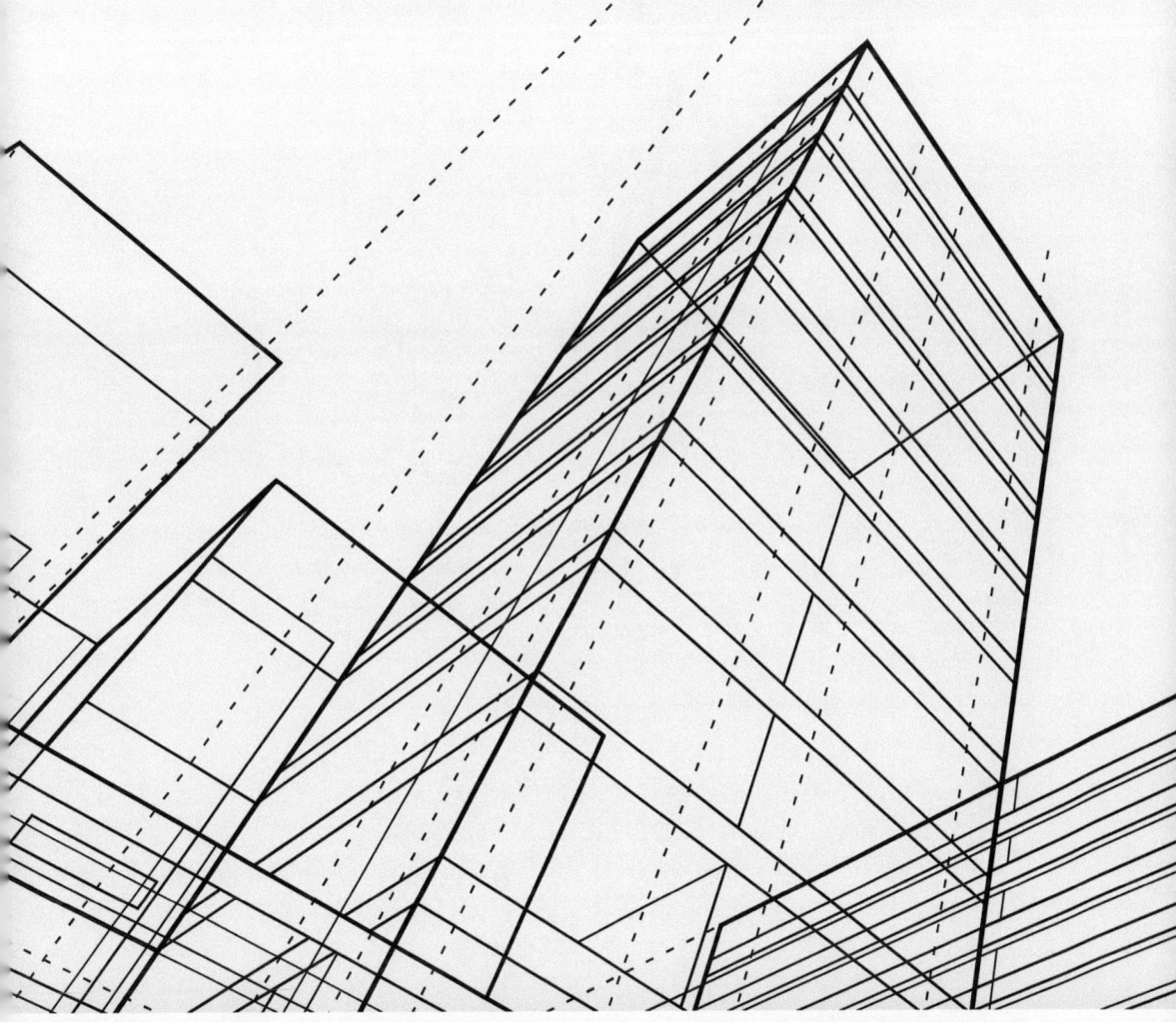

يمكن للمستثمرين جني الأرباح وتحقيق المكاسب المالية بطريقتين، الأولى عبر تأجير ممتلكاتهم أو عقاراتهم، والثانية عن طريق إعادة البيع بسعر أعلى من التكلفة الأصلية.

في هذا الفصل سنتحدث عن كلتا الطريقتين. لذا، يرجى التركيز وإبداء التفاصيل عناية أكبر، إذ إن الهدف منها مساعدتك على اتخاذ قرارات أفضل وتحقيق ربح أكبر عند الاستثمار.

مكاسب رأس المال عند إعادة بيع العقار

إيرادات التأجير

مكاسب رأس المال عند إعادة بيع العقار (Capital Gain)

يستخدم هذا المفهوم على نطاق واسع في سوق العقارات، ويعني الأرباح التي تحصل عليها عندما تشتري عقاراً ما، أو تستثمر في أي من الأصول العقارية بسعر «إكس» مثلاً، وتُعيد بيعه بثمن أعلى «إكس +».

بالطبع، يتوجب عليك البيع بسعر أعلى من الشراء حتى تحقق الربح. ولإعادة البيع بسعر أعلى، ينبغي عليك شراء العقار بسعر منخفض، أو أن تَعْمَدَ إلى شراء عقار بسعر السوق وتحتفظ به لفترة زمنية إلى أن ترتفع قيمته، وذلك قد يحدث لأسباب مختلفة، مثلما هو موضح هنا.

من جهة أخرى، يمكن شراء عقار قديم مُتهالِك قليلاً، أو غير مُجْزٍ بسبب سوء إدارته، والعمل على تجديده وتطبيق نظام إداري صحيح، ثم تعْرضه بعد ذلك للبيع بسعر أعلى، أو أن تقوم بتشييد وتطوير عقار لبيعه في السوق لاحقاً.

يمكن لمعظم الأشخاص استيعاب هذه الأمور ببساطة. لكن من المهم أيضاً، معرفة أن ارتفاع قيمة العقارات (أو أي شكل من أشكال الاستثمار العقاري) يرتبط ارتباطاً وثيقاً بما يلي:

المحفزات الكبرى؛ نمو السوق الكلي على نطاق واسع. بمعنى أن يكون أداء الاقتصاد جيداً، خاصة سوق العقارات. ونتيجة لذلك يشهد كل مشروع ضمن هذا السوق بوادر حِراك، وتالياً ارتفاعاً بالأسعار.

المحفزات الصغرى؛ زيادة في قيمة الأصول لواحد أو أكثر من قطاعات العقارات المحددة، في حين أن قطاعات أو مواقع العقارات الأخرى تشهد توجهاً مختلفاً، أو مُستقراً، أو حتى في بعض الأحيان انخفاضاً. من الأمثلة على هذا، تأثير التجارة الإلكترونية على محلات البيع بالتجزئة التي بدأت تتأثر حالما اتجه المتعاملون للشراء عبر الإنترنت. بالمقابل، بدأ قطاع التخزين والتوزيع يشهد إقبالاً متزايداً من قِبَل جميع شركات التجارة الإلكترونية العملاقة، مثل «أمازون» وغيرها. ونتيجة للمحفزات الصغرى ذات الصلة بجزء محدد من السوق العقاري، أو موقع ما، أو مشروع معيّن، ستنمو الأعمال ويطرأ ارتفاع بالأسعار، بالرغم من استقرار البقية في سوق العقارات. على سبيل المثال، تخيّل أنك اشتريت عقاراً في منطقة ما حديثة لم تخضع للتطوير بعد، وتم إنشاء محطة مترو وبناء مركز تسوق وتوفير حديقة كبيرة في المنطقة نفسها بعد عامين، هذه المحفزات الصغرى تكاد تكون كافية لرفع سعر العقار في هذه المنطقة، بغض النظر عن الحالة العامة للعقارات والممتلكات الأخرى، والسوق ككل الذي ستظل قيمته كما هي. وهذا يُعَد أيضاً، مثالاً جيداً لفَهْم كيف يمكن لـ «شريك المعرفة» أن يمُدّك ببيانات السوق التي تُمَكّنُك من تحديد الفرص المناسبة للاستثمار العقاري، والتي لا ينتبه إليها الكثيرون بسبب افتقارهم إلى المعلومات اللازمة.

وما يزيد الأمور تشويقاً يكْمُن في أن السبب وراء ارتفاع قيمة عقاراتك الخاصة يعود في كثير من الأحيان إلى ارتفاع أسعار الإيجار. كما سأوضح لاحقاً في الفصل العاشر، بالنسبة لأولئك الذين يشترون العقارات المُدِرَّة للدخل؛ فثمة ارتباط وثيق بين الدخل الناشئ من التأجير والأسعار. على سبيل المثال، إذا كان متوسط عائد الإيجار السنوي في المنطقة يصل إلى 5 في المائة وقيمة التأجير تبلغ 50,000 فإن سعر البيع قد يصل إلى مليون، وفي حال ارتفع الإيجار إلى 100,000 فسيصل سعر بيع العقار إلى مليونين، وهو 5 في المائة من المليونين.

وبالرجوع إلى ما ذكرته سابقاً، حول تعيين مدير عقارات محترف، فإنه يتضح كيف أن له دوراً مهماً في تقديم النُّصح والإرشاد؛ فزيادة أسعار التأجير تؤثر إلى حد كبير في ارتفاع قيمة أصولك العقارية، الأمر الذي يتيح لك الاستفادة من مكاسب رأس المال عند إعادة بيع العقار (Capital Gain).

في السياق ذاته؛ فإن القروض العقارية (القروض المصرفية) التي تستخدم للاستثمار في العقارات المدرة للإيرادات عبر تأجيرها تزيد من العائد على المبلغ النقدي المُسْتَثْمَرْ (ROE)، الأمر كذلك بالنسبة للقروض المصرفية للاستثمار في العقارات التي تستهدف مضاعفة أو زيادة العائد على الاستثمار (ROI)، إذ من شأنه أيضاً أن يعزز نسبة عوائد الأرباح بشكل كبير. على سبيل المثال، إذا اشتريت عقاراً بقيمة 500,000 ودفعت مُقدّماً ما يصل إلى 400,000 (80 في المائة) بوصفها قرضاً مصرفياً وبقية المبلغ 100,000 من رأس مالك (20 في المائة)، ثم مع مرور الوقت تمكنت من بيع العقار نفسه مقابل 750,000 فإن نسبة العائد على المبلغ النقدي المُسْتَثْمَر تصل إلى 250 في المائة، لكونك ربحت 250,000 بعد أن استثمرت 100,000 فقط من رأس مالك الخاص، بينما تبلغ نسبة العائد على الاستثمار 50% فقط لكون مبلغ الربح 250,000 يمثّل 50% من القيمة الإجمالية للاستثمار.

ومع ذلك، يتوجب عليك ألا تنسى أن العوائد المرتفعة غالباً ما تكون مصحوبة بمخاطر أعلى، وأنصحك أن تقرأ بعناية وتُركّز على ما سأتطرق إليه في الفصل التالي حول أفضل وأسوأ الأوقات لطلب القروض المصرفية بهدف الاستثمار في العقارات حتى تتمكن من اتخاذ القرار الصحيح في الوقت المناسب.

إيرادات التأجير

يُعَد هذا النوع من الإيرادات أبسط أنواع الطرق للاستثمار الآمن وتحقيق دخل سهل من خلال تأجير العقارات، لكن ما العوائد السنوية التي تتوقع الحصول عليها؟

بطبيعة الحال، وفي جميع أنحاء العالم، يمكن تحقيق إجمالي ربح سنوي يراوح بين 3 و5 في المائة، عند الاستثمار في أفضل العقارات ضمن مواقع رئيسة مهمة. أما في المناطق السكنية الأكثر شعبية أو ذات الدخل المحدود، يمكن تحقيق ما يراوح بين 6 و10 في المائة سنوياً. ويعتمد هذا بشكل كبير، على نوع العقار أو الوحدة العقارية التي يتم الاستثمار فيها، هل هي وحدة كبيرة (مثل مبنى كامل، أم شقة)، سكنية، أو تجارية وغيرها.

ولا بد من الإشارة هنا إلى أن نسبة 3 – 10 في المائة من دخل التأجير سنوياً يتم احتسابها بناءً على القيمة الإجمالية للعقار الذي تملكه. على سبيل المثال، إذا كانت قيمة العقار تبلغ مليوناً وقمت بتأجيره سنوياً بمبلغ 50,000 فإن إجمالي دخل التأجير هي 5 في المائة.

قد يتساءل البعض عن عدد شركات العقارات، بما في ذلك على سبيل المثال لا الحصر، الوسيط (السمسار) والمُطَوِّر العقاري الذين يمكنهم الترويج لعروض تعود بإيرادات وعوائد أعلى بكثير من النسبة المذكورة أعلاه سنوياً. أحياناً، تكون هذه مجرد حيلة للتسويق يتم بموجبها إخفاء أو تجاهل العديد من التكاليف الأساسية وأمور أخرى قد تكون غير مقبولة.

في هذه الحالات يعتمد «صافي العوائد» الذي يتم الترويج له على العائد على المبلغ النقدي المُسْتَثْمَر (ROE)، وليس العائد على الاستثمار (ROI). وهذا يعني ببساطة تجاهل أي أموال اقترضتها من المصرف، أو بائع العقارات، أو المُطَوِّر العقاري من أجل الاستثمار، ما يعني أنه يأخذ بالاعتبار استثمارك المبلغ النقدي الذي قمت باستثماره وليس القيمة الإجمالية للعقار، وبالتالي المُبالَغة في النسبة المئوية للعوائد السنوية إلى حد كبير (ومخادع).

لذلك، إذا عَمِدت إلى شراء العقار المذكور في هذا المثال مقابل مليون وأدّيت 250,000 بوصفها دُفْعة أولى، بالتزامن مع الاقتراض من المصرف ما يصل إلى 750,000؛ فإن دخلك من إيرادات التأجير السنوي البالغ 50,000 يُمثّل 20 في المائة، وهو العائد على المبلغ النقدي المُسْتَثْمَر (ROE). في حين أن المبلغ نفسه 50,000 يُشكّل 5 في المائة فقط من العائد على الاستثمار (ROI).

بمعنى آخر، يتم حساب العائد على المبلغ النقدي المُسْتَثْمَر بناءً على رأس المال المُسْتَثْمَر (ROE)، في حين يجب حساب العائد على الاستثمار (ROI) على أساس القيمة الإجمالية للاستثمار، وهي تُمثّل إجمالي قيمة العقار في هذه الحال.

ويجب على المروّجين العقاريين تحديد وتوضيح نوعية وكيفية حساب العوائد الواعدة للمستثمر.

وغالباً ما يتم الترويج لنسبة الأرباح على المبلغ النقدي المُسْتَثْمَر على أنها العائد على الاستثمار في الحملات التسويقية، لكونها من الناحية النظرية توفر أرقاماً أكثر جاذبية للمشترين.

إذاً، في هذا المثال الذي طرحناه، طُلِب منك استثمار 100,000 في عقار تبلغ قيمته مليوناً مع الأخذ بالاعتبار أنه تم اقتراض 900,000 من

المصرف، وتم تأجير العقار مقابل 50,000 في السنة، فإن نسبة العائد من التأجير على المبلغ النقدي المُستَثمَر تصل إلى 50 في المائة، في حين أن نسبة العائد على الاستثمار هي 5 في المائة.

لهذا السبب، يتوجب على المستثمرين عدم الانصياع والجري وراء الإعلانات التي توضح النسبة المئوية للعوائد والإيرادات، وإنما يتوجب البحث بشكل أعمق لفَهْم كيفية حسابها.

حساب صافي إيرادات التأجير السنوي

عند حساب صافي إيرادات التأجير السنوي، ثمة عناصر يجب أن تؤخذ بالاعتبار، وهي:

اقتطاع النفقات السنوية كافة من الإجمالي.. المبلغ المتبقي هو صافي إيرادات تأجير العقار أو الوحدة العقارية. وهذا يعني عملياً حساب التكاليف التي تُصاحِب عملية التأجير. فعادة ما توجد رسوم سنوية، مثل رسوم الخدمات وأعمال الصيانة والمرافق (حسب الاتفاق المبرم مع المستأجر)، فضلاً عن رسوم الوكيل العقاري ورسوم إدارة الممتلكات وما إلى ذلك.

الإشغال الكامل للعقار أو الوحدة العقارية.. لطالما يفشل الكثير من المستثمرين العقاريين في احتساب عنصر إضافي، وهو نسبة الإشغال الكامل للعقار.

فإذا كنت تمتلك عقاراً يوفر لك دخلاً قدره 50,000 سنوياً، يجب أن تعترف دائماً بحقيقة أنه قد يستغرق الأمر بضعة أيام، أو أسابيع، أو ربما أكثر لتأجيره مرة أخرى، وذلك بناءً على تقلبات السوق العقاري، وبالتالي فإن دخل التأجير الفعلي قد يصل إلى أقل من 50,000.

دورات السوق العقاري.. يجب الأخذ بالاعتبار الأسعار وتقلبات السوق العقاري التي من شأنها أن تؤثر في إيرادات التأجير والعوائد؛ فتارة ترتفع وتارة أخرى تنخفض، بالطبع لن تنخفض أبداً إلى الصفر، ولهذا السبب تُعَد العقارات ملاذاً آمناً للاستثمار.

يرجى ملاحظة أن دخل التأجير السنوي، عند حسابه كنسبة مئوية من إجمالي سعر العقار، غالباً ما يُشار إليه بمصطلحين، وهما إجمالي عائد الاستثمار وصافي عائد الاستثمار. ولا بد أنك عرفت الفرق بينهما الآن.

الاستثمار في العقارات يمكّنك من جني الأرباح بطريقتين، وهما عند إعادة البيع (مكاسب رأس المال Capital Gain)، ومكاسب إيرادات التأجير.

ستة عوامل رئيسة يجب التركيز عليها

عندما يستثمر البعض منا في العقارات المُرْبِحة، ثمة عوامل ستة رئيسة يتوجّب التركيز عليها ووضعها بالاعتبار، وذلك وفقاً للميزانية ومستوى الالتزام من حيث الوقت والجهد ونوع العقار والموقع الجغرافي وغيرها. وسوف أتحدث فيما يلي عن مختلف الطرق للدخول في الاستثمار العقاري، سواء كان سكنياً، أو تجارياً لجني دخل من التأجير. لكن بدايةً اسمح لي أيها القارئ أن أسلط الضوء على العوامل الستة، وهي:

1. إجمالي تكلفة الشراء
2. الإشغال الكامل
3. قيمة الإيجار
4. التكاليف الإضافية (من صيانة، رسوم خدمات، إلخ)
5. الإطار القانوني
6. الآثار المترتبة على الضريبة

أهمية الاستشارات الاحترافية

قبل أن أسترسل في الحديث أكثر، أودّ التأكيد على ضرورة الحصول على الدعم الاحترافي المناسب، وهو ما تطرقت إليه سابقاً عندما تحدثت في الفصول السابقة عن «شريك المعرفة» وغيره من المهنيين المتخصصين. في هذا السياق، من الخطأ أن أنصحك بتكليف وكيل عقارات محترف لمساعدتك على إنشاء إطار قانوني أو هيكل ضريبي يناسبك، لأن هذا ليس تخصصه، ولا المجال الذي يُبدع فيه. وبالمثل، لا يمكنك إدارة عقاراتك بالكامل، إلا إذا قمت بتعيين مدير متخصص في إدارة العقارات، إذ لا يتوجب عليك – أو على وكيل العقارات أداء هذه المهمة – ما لم تكن مُحترفاً في مجال إدارة العقارات.

وتبعاً لنوع العقار، ثمة نطاق واسع من المهام التي يتوجب إدارتها من قِبَل خبير مُتمرِّس في إدارة العقارات. وتراوح هذه المهام بين التركيز على بيانات المستأجرين والتحقق وتقييم ملاءاتهم المالية لضمان سدادهم للإيجار في الوقت الذي يتم الاتفاق عليه، ومتابعة أي مدفوعات مُستحقة أو متأخرة، وإجراء الصيانة الوقائية واستمرارها، والمحافظة على المستأجرين الحاليين، وتعزيز جميع التكاليف المرتبطة بالعقار، مثل الأمن وصيانة المرافق وعمليات التنظيف والتنسيق مع محاميك، فضلاً عن زيادة قيمة الإيجار وتوفير الدعم التقني وغيرها العديد.

وهكذا، نُدرك أن هناك الكثير من العمل للقيام به، وهو يُعَد سبباً كافياً للاستعانة باستشاري متخصص في إدارة العقارات.

الآن، وبعد وضع كل ما سبق في الاعتبار، سأتطرق إلى الأساليب المختلفة للاستثمار في العقارات، ما يتيح:

الملكية الفردية

بمقتضى الملكية الفردية، يحق للمالك التصرف فيما يملك، سواء كان شقة، أو منزلاً مستقلاً أو مكتباً أو أي نوع آخر من العقارات، وتأجيره على المديين القصير أو الطويل. وللقيام بذلك على أكمل وجه، تحتاج إما إلى بذل الجهد والوقت في إدارة هذه الممتلكات الخاصة، أو توظيف مدير عقارات محترف لينوب عنك، كما تقدم في النقطة السابقة.

يرجى ملاحظة أنني في الفصل الثالث من القسم الثاني، قدمت أمثلة تدور حول ما يتوجب الامتناع عنه وتجنبه عند الاستثمار في عقارات يُروَّجُ لها على أنها تضمن دخلاً سنوياً بموجب عقد بيع وشراء قانوني. لكن في كثير من الأحيان، يصاحب هذا النوع من الاستثمار المضمون العديد من التكاليف أو الحسابات غير المتوقعة.

الاستثمار المشترك

قد تقودنا بعض الظروف - أحياناً - إلى الاشتراك والاستثمار مع طرف أو أكثر بطريقة ما أو أخرى لشراء عقار، رغم أنني لا أحبّذ هذا الأسلوب وأُفضّل دائماً التحكم الكامل في العقارات التي أمتلكها.

وهكذا، يمكنك الاستثمار في العقارات للحصول على دخل ثابت، بوصفك شريكاً عبر الدخول في اتفاقية مع أطراف تعرفهم مُسبقاً، أو من خلال التمويل العقاري الجماعي المؤسسي أو صناديق الاستثمار العقاري العامة والخاصة (REIT)، وغيرها من المؤسسات أو الشركات المماثلة.

والطريقة المثالية لفعل ذلك - سواء كان من خلال التمويل العقاري الجماعي أو الأسهم الخاصة أو الصناديق الاستثمارية العقارية - هي اختيار مؤسسة مدعومة بفريق من الخبراء العقاريين المحترفين، حيث يمكن لهؤلاء الخبراء التحقق من الفرص الاستثمارية وفقاً لإجراءات أفضل الممارسات، إلى جانب إدارة الأصول أو العقارات بطريقة أكثر كفاءة وإنتاجية من أجل الحصول على أعلى دخل ممكن.

ومعظم الشركات أو المؤسسات التي توفر هذا النوع من الدعم، خاصة ذات السمعة المرموقة، لديها أيضاً القدرة والخبرة الكافيتين للحصول على الموافقات المالية من المصارف (القروض العقارية) التي يمكن أن تسهم بدور رئيس في تعزيز العائد على المبلغ النقدي المُستَثْمَر وجني الأرباح.

التمويل العقاري الجماعي المؤسسي

على افتراض أن هذا المفهوم جديد بالنسبة إليك أيها القارئ، فإن ما سأتحدث عنه تالياً قد يكون مفيداً.

التمويل الجماعي في جوهره عبارة عن عملية يتم فيها جمع الأموال - مبالغ متفاوتة - من مجموعة من الأفراد أو الشركات أو المؤسسات لتمويل مشروع أو عقارٍ ما مُعَيّن. وغالباً ما يتيح الفرصة للأفراد للاستثمار في العقارات بميزانيات متواضعة، حيث تبدأ من 1,000 دولار أميركي.

جدير بالذكر أن الاستثمار ضمن منظومة التمويل الجماعي (Crowdfunding) قد لا تُعتبر مُجدِية إذا كانت تستهدف عقاراً واحداً صغيراً نسبياً، لأن التكلفة المرتفعة لإعداد هيكل النظام القانوني وإطار العمل، إلى جانب إدارة العقار صغير المساحة قد تؤثر في الأرباح أو العوائد المتوقعة. لذلك، فمن الأفضل الاستثمار بمشاريع عقارية كبير، حيث يتم توزيع التكاليف على عدد أكبر من المستثمرين (المساهمين)، وبالتالي خفض وطأة التكلفة، ما من شأنه زيادة الأرباح والعوائد.

من ناحية أخرى، عندما تُقدِم المؤسسة القائمة على إدارة الاستثمار الجماعي، على شراء عقار كبير أو مجموعة من الوحدات السكنية أو التجارية (كشراء مبنى كامل)، فإنه يمكنها تحقيق أسعار متميزة.

محافظ الاستثمار العقارية الخاصة

مع نظام محافظ الاستثمار العقارية الخاصة (Real Estate Private Equity)، أنت واحد ضمن مجموعة مستثمرين من القطاع العام و / أو الخاص الذين يَعمَدون إلى شراء، أو تمويل، أو امتلاك العقارات بوصفهم مجموعة تتمثّل بمؤسسة واحدة. وهذا يعني أنك لست مُخَوّلاً للتحكم في هذا النوع من الاستثمار وحدك. وكما أشرت سابقاً، أنا لست ممن يُحَبِّذون هذه الطريقة، لأنك في معظم الحالات مُلْزَم بتسليم مجموعة واسعة من حقوق الإدارة إلى مديري المحفظة الاستثمارية. وعلى الرغم من ذلك، إلا أنه أحياناً يمكن أن تُشَكّل هذه الطريقة أداة استثمار مثالية لتلبية احتياجات، أو تفضيلات، أو أهداف محددة لدى بعض المستثمرين العقاريين. وفي حال اعتمدت هذه الطريقة؛ فثمة خمس علامات يتوجب عليك تَوَخّي الحذر معها والبحث فيها بشكل مفصّل:

1. هيكل الملكية القانونية والاستثمار في ظل اتفاقية ائتمانية:

الجانب الأكثر أهمية هو الجانب القانوني لنظام الملكية:

- يجب على المستثمر التأكد من امتلاكه للأسهم بشكل مباشر في العقار،

أو في الشركة التي تم تأسيسها بغرض شراء وتملّك العقار أو المشروع العقاري [Special Purpose Vehicle (SPV)].

- يجب تفادي وجود طبقات متعددة في هيكلية التملك القانونية للعقار، لكون هذا الأمر قد يجعلهم عُرضة لمخاطر أعلى. على سبيل المثال، عندما تمتلك أسهماً في شركة ما تسمى «س» التي تمتلك شركة «ص»، والتي تمتلك العقار أو المشروع العقاري. ماذا يحدث لأسهمك في حال قامت شركة «ص» ببيع العقار؟ في هذه الحال، فإن ملكيتك لأسهمك في شركة «س» لا تُغني ولا تُسْمن من جوع، لكونها تمتلك الشركة «ص» التي بدورها لم تَعُد تمتلك العقار. وهذا مثال على عملية نَصب واحتيال يُعاقب عليها القانون. وعلى الرغم من حقك القانوني، إلا أنك في غِنى عن أمرٍ كهذا بالغ التعقيد.
- على المستثمرين أو المساهمين تجنب أية اتفاقيات على أساس استثمار ائتماني، إذ إن حقوق الملكية الخاصة بهم مضمونة بموجب اتفاقية ثانوية بينهم وبين شركة محفظة الاستثمار العقارية الخاصة (Real Estate Private Equity)، أو إحدى الشركات التابعة لها.

2. الاستثمار في عقارات بأسعار أعلى من قيمتها الحقيقية؛ يتوجب دراسة ومراجعة تقرير تقييم العقارات باستمرار، والتأكد من الحصول عليه من قِبَل شركة تقييم موثوقة ذات سمعة مرموقة، قبل التركيز على أي من إيرادات الإيجار المضمونة.

3. عدم وجود استراتيجية دقيقة وواضحة لإعادة البيع والتخارج؛ عند التفكير في الاستثمار عن طريق محفظة الاستثمار العقارية الخاصة (Real Estate Private Equity)، فمن الضروري الأخذ بالاعتبار الفترة الزمنية، وإعداد خطة لإعادة البيع والتخارج مناسبة مُسْبقاً.

4. عوائد جيدة جداً «يصعب تصديقها»، ما قد يُلحق ضرراً يفوق المنفعة؛ عقارات محفظة الاستثمار العقارية الخاصة (Real Estate Private Equity) غالباً ما توفر دخلاً من تأجيرها ثابتاً لفترة محدودة من الوقت، وتكون مدعومة بعقد إيجار مع مستأجر موثوق. غير أنه في بعض الأحيان، يتم اعتماد اتفاقية تأجير مضمونة بقيم تأجير أعلى من الأسعار الحقيقية في السوق لرفع العوائد، الأمر الذي من شأنه تبرير شراء العقار بسعر أعلى من قيمته السوقية. وبينما ينعم المُسْتَثْمِر بعوائد التأجير خلال فترة الاستثمار، يجد نفسه مذهولاً أمام قيمة إعادة بيع العقار عند التخارج،

وذلك بسبب الشراء بسعر أعلى من السعر الحقيقي منذ البداية، وقد يرجع ذلك للأسباب التالية:

- توقيع عقد الإيجار قبل بضع سنوات عندما كانت الأسعار في تلك الفترة أعلى. يجب على المستثمرين دائماً التحقق من أسعار مؤشر الإيجار لموقع العقار، ومعرفة ما إذا كانت الأسعار الحالية تتماشى مع اتفاقية التأجير؛ لماذا؟ لأنه عندما ينتهي عقد التأجير الحالي، سيتم تأجير العقار على القيمة الإيجارية الفعلية التي ستكون في هذه الحال أقل مما كانت عليه في السابق، الأمر الذي قد يؤثر بشكل كبير على قيمة العقار.

- عندما يتم إعداد عقد الإيجار بالاتفاق مع المستأجر، أو عندما يكون المستأجر هو البائع الفعلي- السيناريو الأسوأ - حيث يتم تجهيز العقد بقيمة أعلى مما ينبغي، ما يؤدي إلى ارتفاع السعر الذي غالباً ما يعتمد على عدد معين من مضاعفات الإيجار، لدرجة أعلى بكثير مما يستحق العقار في الواقع، ثم يقوم البائع برد الإيجار الإضافي إلى المستأجر من الربح الإضافي الذي يحققه نتيجة إعادة بيع العقار بسعر أكبر.

في هذه الحال، عند قُرب انتهاء صلاحية الاتفاقية، وعندما يبحث المدير العقاري عن مستأجر جديد ويقوم بعرض العقار بسعر السوق، فإن قيمته تنخفض بشكل كبير. على سبيل المثال، تم تقييم أحد العقارات بمبلغ 70 مليوناً (7 ملايين × 10 سنوات) على أساس عقد تأجير سنوي مبالغ فيه بقيمة 7 ملايين لمدة 10 سنوات، ويحصل بموجبه المستثمرون على 10% كعائد للتأجير، في حين أن القيمة الإيجارية السوقية الحقيقية لمثل هذا العقار هي 5 ملايين فقط. وعندما يحين الوقت لبيع العقار في نهاية العشر سنوات، فإن سعر البيع الجديد هو 50 مليوناً فقط (5 ملايين × 10 سنوات). وهكذا، لا بد من إيجاد توازن آمن بين إيرادات التأجير وقيمة القرض المالي أو العقاري، ونسبة القرض من إجمالي قيمة العقار وسعر العقار، وأخيراً تقرير التقييم الرسمي لقيمة العقارات.

5. **إيرادات التأجير غير واضحة**؛ التأكد دائماً من توضيح ما إذا كانت نسبة عوائد التأجير (%) تستند إلى الاستثمار بعيداً عن الاستدانة (أي من دون قرض أو دين)، أو استثمار على أساس وجود مساعدة مالية (بقرض أو دين) في العقارات. في كلتا الحالتين، يجب أن تقع هذه الإيرادات ضمن نطاق مناسب وسليم:

- عندما يُعرض على المستثمر عائد إيجار بنسبة 5 في المائة على عقار بقيمة 10 ملايين من دون الاستفادة منه على أكمل وجه، فهذا يعني أن الدخل يصل إلى 500,000.
- أما إذا عُرض على المستثمر المبلغ نفسه 500,000 مُمثّلاً لما يصل إلى 10 في المائة كعائد على الاستثمار على عقار بقيمة 10 ملايين مع مديونية على شكل قرض بقيمة 50 في المائة، فقد تم في هذه الحال استثمار 5 ملايين وتم دفع بقية مبلغ الشراء من خلال الاستعانة بقرض عقاري مصرفي بقيمة 5 ملايين، وبالتالي فإن الإيراد من التأجير البالغ 500,000 يُشكّل 10 في المائة من رأس المال المُسْتَثْمَر البالغ 5 ملايين.

لذلك، عندما يُعرض عليك فرصة للاستثمار العقاري تحقق إيرادات بنسبة (%) مُعيّنة سنوياً، لا بد من التحقق دائماً فيما إذا كان هذا الاستثمار مرهون، أم لا؟ لكون المخاطر غالباً ما ترافق الرهونات المالية. وإذا انخفض السوق بمقدار 50 في المائة لأي سبب كان، فإن هذا يعني خسارة المُسْتَثْمِر لكل الأموال التي دفعها، لأن نسبة الـ 50 في المائة الأخرى من قيمة العقار سيحصل عليها المصرف لتغطية قيمة القرض.

في الفصول اللاحقة سأتحدث بالتفصيل عن المخاطر والفرص التي ينطوي عليها اللجوء للبنوك وطلب قروض للاستثمار في العقارات، إذ إنها تتأثر بشدة بدورات السوق.

العوامل المؤثرة عند الشراء، أو الاستثمار لتوفير دخلٍ من التأجير

1. تكاليف الاستحواذ على العقارات:- ليس المقصود هنا القيمة الفعلية للعقار فقط، بل والتكاليف الأخرى المرتبطة به. كثيراً ما أرى أشخاصاً يعمدون إلى حساب دخلهم من إيرادات التأجير من دون احتساب تكاليف شراء العقار كاملة. على سبيل المثال، قد يعتقد البعض أن العقار المعروض بمبلغ مليون ويتم تأجيره مقابل 50,000 يوفر ما نسبته 5 في المائة بوصفها إيراد التأجير.

غير أن التكلفة الصحيحة تتم بالشكل الآتي: مليون + رسوم ضريبة دمغة الأراضي + أية ضريبة أخرى (إن وُجدت) + تكاليف الاستحواذ، وجميعها تُضاف إلى إجمالي التكلفة الفعلية، حينها يصبح بالإمكان تقدير إجمالي الدخل الصافي من التأجير.

2. مصروفات أخرى:- يتوجب الإلمام برسوم الخدمات وعمليات الصيانة الدورية وتكاليف إدارة العقارات، للتمكن من حساب صافي إيرادات الإيجار بعد حسم جميع المصاريف.

3. إدارة العقارات:- لا بد من فَهْم كيفية إدارة العقارات الخاصة بأي مستثمر. هل ستقوم بإدارتها بنفسك، أم عن طريق تعيين مدير عقارات متخصص؟

4. نسبة الإشغال:- عند حساب الدخل من الإيجار، لا بد من وضع مستوى إشغال العقار في الحسبان؛ فإذا كان العائد السنوي المتوقع من تأجير العقار 50,000 في السنة، يجب الأخذ بالحسبان الفترة الزمنية المطلوبة لتأجير العقار أو إعادة تأجيره، حيث إنه من الممكن أن يظل فارغاً إلى حين إيجاد مستأجر مناسب، أو إلى حين اكتمال أعمال الصيانة، إذ من المهم دراسة هذا الموضوع باهتمام والقيام بحسابه.

5. التأجير طويل الأجل مقابل التأجير قصير الأجل:- لا بد من القيام بالحسابات واستكشاف الخيارات كافة لتحديد الأكثر ربحية، وهذا الأمر يعتمد بشكل كبير على موقع ونوع العقار. فكّر في الخَيار الأكثر فائدة من الناحية المادية، بعد حساب جميع التكاليف والمصاريف المرتبطة بكلا النوعين من التأجير – على المديين القصير والطويل. في الواقع لكل نوع مزاياه وعيوبه، لذلك من المهم أن نأخذ بالاعتبار الفوائد المالية المباشرة، فضلاً عن تلك طويلة الأجل، وهل تتوافق مع الخطط طويلة المدى واستراتيجيات إعادة البيع والتخارج؟ على سبيل المثال، بموجب اتفاقية تأجير طويلة المدى، يلتزم مالك العقار بإبقاء المستأجر لفترات تراوح بين المتوسطة والطويلة، بينما يمكنه بموجب اتفاقية تأجير قصيرة المدى إخلاء العقار بسهولة أكبر، وربما يَعْمَد إلى بيعها لمستثمرين آخرين، إذ إنهم على استعداد لدفع مبالغ أعلى من أولئك الذين يشترون العقارات المؤجرة.

مثال آخر على ذلك؛ يمكن لأصحاب العقارات أو الوحدات العقارية مع فترات تأجير قصيرة الأجل، رفع الأسعار في كل مرة يستأجر فيها شخص جديد (إذا كان هناك زيادة في الطلب)، وهو ما لا يمكن القيام به مع اتفاقيات تأجير طويلة الأجل.

وهكذا، نلاحظ أن الأمر لا يتعلق بالطريقة التي يمكن من خلالها جني المزيد من الأموال، وإنما بموازنة الفوائد المالية في ضوء الأهداف الاستثمارية متوسطة وطويلة الأجل أو المدى.

6. اتفاقيات التأجير الحالية والجديدة:- إذا قام أحدهم بشراء عقار ما مؤجّر منذ مدة طويلة (على سبيل المثال لا الحصر، عقار تم تأجيره منذ سنة عندما كانت أسعار التأجير أعلى مما هي عليه في وقت شراء العقار)؛ فهو يوفر دخلاً مباشراً. لكن يجب عليه دائماً مقارنة قيمة عقد الإيجار مع أسعار السوق الحالية، لأنه إذا اشترى عقاراً مستأجراً قبل ثلاث سنوات بسعر أعلى من سعر السوق الحالي، فإن عليه أن يأخذ في الحسبان عند تجديد عقد المستأجر الحالي – أو المستأجر الجديد – أن المستأجر سيبحث عن إيجار يتناسب مع مستويات السوق الحالية. وبالمثل، لا بأس من شراء عقار لا يحقق إيرادات عالية إذا كان عقد الإيجار على وشك الانتهاء، إذ إن العقد الجديد سيتضمن إيجاراً أعلى (قد يُفكّر المُسْتَثمِر أيضاً بإجراء بعض التحسينات على العقار لتأجيره بسعر أعلى).

7. فترة التملك والقيمة المستقبلية للعقار:- ما المدة التي تم تحديدها للاحتفاظ بالعقار؟ هل من استراتيجية لإعادة البيع والتخارج؟ ومَنْ المستأجر المُستهْدَف خلال فترة التملك، ومن المُشتَري المُستهْدَف عند إعادة البيع؟ صحيح أنه لا يمكن الإجابة عن هذه الأسئلة في الوقت الذي تبدأ فيه عملية شراء العقار، ولكن من الضروري تكوين فكرة والتخطيط لهذه الاعتبارات.

8. الموقع الجغرافي، هل يُشكّل مطلباً رئيساً، أم ثانوياً؟ عادة، تنعكس جودة موقع العقارات في إيرادات التأجير، سواء كانت مرتفعة، أو مُتدنّية، لذلك لا يمكن غَضّ النظر عن القيمة المستقبلية للعقارات التي تخطط لشرائها مقابل جني الأرباح. صحيح أنه يمكن الحصول على إيراد أعلى على الإيجار عند الشراء في الأحياء الشعبية أو مناطق التجمعات السكنية التي لا تُعَد مواقع رئيسة أو فاخرة (مثل مناطق ذوي الدخل المحدود)، لكن في الوقت ذاته، القيمة المستقبلية للعقار يمكن أن تتأثر بجودة البناء المنخفضة. وعادة ما تكون المعايير في هذه المناطق أقل من تلك الموجودة في المناطق الرئيسة المتميزة. وفي حين أن هذه المناطق غالباً ما تتّسِم بجودتها العالية، إلا أنها محدودة وبالتالي فهي توفّر قيمة مستقبلية أفضل.

فكر على النحو التالي؛ لديك ميزانية للاستثمار وشراء عقار فاخر، ولكن عِوَضاً عن ذلك قمت بالاستثمار في مناطق أو مواقع ذوي الدخل المحدود لأنها توفر دخلاً سنوياً بنسبة 8 في المائة، مقارنة بنسبة 4 في المائة التي يتم الحصول عليها من عقار آخر فاخر! لكن ماذا لو ارتفعت قيمة العقار في مناطق ذوي الدخل المحدود بنسبة 10 في المائة على مدى خمس سنوات،

وارتفعت قيمة العقار الفاخر بنسبة 100 في المائة خلال الفترة الزمنية نفسها؟ أردت من هذا المثال شرح المبدأ التالي، ومفاده أنه لا توجد قاعدة محددة أو واضحة تجب اتباعها عند التفكير بالاستثمار في العقارات، حيث توجد الكثير من العوامل المؤثرة الأخرى، مثل الميزانية. لذلك أؤكد على أهمية الاطلاع على مختلف وجهات النظر والآراء في هذا الشأن.

9. الضرائب:- يتوجب الحصول دائماً على الاستشارة من خبير ضرائب، وليس من وكيل العقارات. ولا بد من الأخذ في الاعتبار ضريبة العائد على مكاسب رأس المال المُسْتَثْمر، إلى جانب ضريبة الدخل، وكل حسب القوانين والتشريعات المتبعة في البلدة أو الدولة التي تستثمر فيها.

10. عقارات مدفوعة بالكامل، أم مرهونة؟ كيف تنوي تمويل استثمارك العقاري؟ هل ستقوم بأخذ قرض مصرفي، أم ستدفع من مالك الخاص؟ أوصي بشدة أن تولي اهتماماً وثيقاً لما سأقوله عن أفضل وأسوأ وقت للحصول على قرض عقاري في الفصل الثامن.

العوامل المؤثرة عند الشراء، أو الاستثمار لتحقيق أرباح مالية عند إعادة بيع العقار (Capital Gain)

1. عوامل محفزة لزيادة مكاسب رأس المال عن طريق إعادة بيع العقار:- كما أوضحت سابقاً، ثمة عوامل عدة يمكن أن تؤثر في رفع قيمة العقارات؛ ففي حال كنت تستهدف تحقيق المكاسب عن طريق إعادة بيع العقار بسعر أعلى من تكلفته، يجب أن تكون مُلِماً بالأساسيات التي سترفع من قيمة العقار، والجمهور المُستَهدَف عند اتخاذ قرار إعادة البيع والخارج من سوق العقارات.

2. استراتيجية التمويل والتدفق النقدي:- ما أنسب الطرق لتمويل الاستثمار العقاري؟ هل ترغب في الاقتراض المصرفي، أو اتباع خطة للدفع من خلال المُطَوِّر العقاري الذي ستقوم بالشراء منه، أو تمويله بالكامل من مالك الخاص؟ وما إجمالي وصافي العائد على سعر العقار (حجم الاستثمار)، وما نسبة الربح المتوقعة على المبلغ النقدي المُسْتَثْمَر؟

3. تحليل المخاطر:- لا بد من تقييم وتحليل المخاطر نتيجة لتغيرات السوق بشكل دائم. ما أفضل وضع لك عندما ينمو السوق ويزدهر؟ وإلى ماذا سيؤول حالك إذا انخفضت أسعار السوق؟

4. العقارات المُكتمِلة أو قيد الإنشاء:- لكل منها مزايا وعيوب، لكن كلاهما يمكن أن يكون مُربِحاً.

5. الضرائب:- كما هي الحال مع الاستثمار لتحصيل إيرادات التأجير، احرص دائماً على طلب الاستشارة من خبير ضرائب، وليس من وكيل العقارات الخاص بك عند الاستثمار لتحقيق المكاسب، وذلك بناء على أهدافك والسيولة النقدية لديك.

6. مدة الاستثمار وتكلفة الاستدانة من البنوك:- يمكن أن تستثمر في عقار قيد الإنشاء بهدف إعادة بيعه عند اكتمال بنائه بسعر أعلى من تكلفته لتحقيق الأرباح. لكن عليك أن تضع في الاعتبار دائماً تكلفة الفرصة البديلة لرأس المال المُستَثْمَر، إذ يمكن تحقيق عائد مُجْزٍ بنسبة 20 في المائة على مدى أربع سنوات عن طريق إعادة بيع العقار الذي قمت بتشييده، أي 5 في المائة سنوياً. ولكن إذا كان بإمكانك تحقيق النسبة نفسها في غضون ستة أشهر عن طريق استثمار عقاري آخر، يبلغ العائد على رأس المال سنوياً 40 في المائة، لأنك ربحت 20 في المائة في ستة أشهر فقط.

7. استراتيجية إعادة البيع والتخارج:- لا تنسَ إعداد وتطوير استراتيجية إعادة البيع والتخارج «كيف» و«متى» الخاصة بك.

القرار الكبير

تحقيق الثروة.. عبر إيرادات التأجير، أو مكاسب رأس المال عند إعادة بيع العقار (Capital Gain)!

استخلصنا من الأمثلة التي تمت مناقشتها، أنه يمكن الحصول على دخل مربح وآمن من إيرادات التأجير ومكاسب إعادة بيع العقار، عند القيام بالأمر بشكل صحيح. وبينما يضمن تأجير العقار إيرادات ثابتة وموثوقة، يمكن لمكاسب إعادة بيع العقار أن تشكّل مصدر ربح هائل أيضاً، لأنه غالباً ما يتم الحصول على مبلغ كبير من المال دفعة واحدة.

ومع ذلك، أود أن أتوجه إليك بتوصية تُعد الأكثر أماناً وأتبعها بنفسي، وهي الاستثمار في الاثنين دائماً، لكونهما يعملان معاً بشكل وثيق.

على سبيل المثال، في حال الرغبة بالبيع ولكن السوق لا يوفر لك فرصة مُجزية للتخارج، يجب عدم ترك العقار فارغاً، ولا بد من تأجيره. بهذه الطريقة على الأقل يمكن تحقيق بعض الدخل حتى تحين اللحظة المناسبة لبيعه.

من ناحية أخرى، إذا كنت تشتري عقاراً لغرض الحصول على دخل ثابت عبر تأجيره، من المهم جداً الاطلاع باستمرار على أسعار البيع، حتى لا تفوتك أية فرصة ذهبية محتملة لإعادة البيع، وبالتالي جني الأرباح. ويجب أن نتذكر، كلما بلغ إيراد التأجير مستوى عالياً، ارتفع سعر العقار وزاد العائد على رأس المال المُسْتَثْمَر الذي يمكن الحصول عليه من بيعه.

بمعنى آخر، عند شراء عقار بهدف تحقيق مكاسب مالية، ينبغي التحقق من إمكانات توفير الدخل من تأجير العقار، لأن ذلك مؤشر مهم على قيمته المستقبلية. ومن الممكن أيضاً، أن توفر مصدراً للدخل ثابتاً حتى يحين الوقت المناسب لبيعه. أما في حال الاستثمار في العقارات التي تستهدف فقط إيرادات الإيجار، فيتوجب علينا أن نتذكر أن الحصول على سعر شراء جيد يمكن أن يعزز عوائد تأجيرها، فضلاً عن زيادة قيمتها في حال قررنا بيعها يوماً ما، أو حتى الحصول على قرض من المصرف بضمانها.

الآن، وقد وصلنا إلى ختام هذا الفصل أود أن أنهي حديثي بالكلمات البسيطة التالية: يجب أن نضع في الاعتبار أن كل شيء يتعلق بعملية الشراء؛ ففي حال تم شراء عقار مناسب بسعر مناسب بعد احتساب جميع التكاليف اللازمة، حتماً ستكون قادراً على تحقيق دخل جيد من تأجيره، إلى جانب القدرة على تحقيق عوائد على رأس المال المُسْتَثْمَر عند إعادة بيعه. في جميع الأحوال، ستكون أنت الرابح!

الاستثمار السليم يتطلب الوقت والمال والجهد.
كما أنه يُعد مسؤولية كبيرة وعليك الارتقاء بنفسك إلى ذلك المستوى.

الفصل الثامن

الدورات المختلفة لسوق العقارات

أبرز النقاط

- ثلاثة اعتبارات رئيسة للتركيز عليها
- **الأسواق المختلفة تتطلب استراتيجيات مختلفة**
- الحذر من عمليات الاحتيال وأوهام الثراء السريع
- ما الذي تتوجب معرفته عن الاستثمار خلال دورات الأسواق العقارية؟

- قاعدة ذهبية
- ما يتوجب فعله وتجنبه خلال أوقات انخفاض الأسعار بالأسواق وركودها
- ما يتوجب فعله وتجنبه خلال أوقات نمو وتوسع وازدهار الأسواق
- القروض المصرفية للاستثمار في العقارات خلال دورات الأسواق المختلفة.

يمرّ سوق العقارات، مثله مثل أي سوق استثماري آخر، بتغيرات دورية، أوقات ازدهار وارتفاع وأخرى تراجع وانخفاض. ثمة عبارة معروفة عن وارن بافيت، رائد الأعمال والمستثمر الأميركي، وهي «المُخاطرة موجودة عندما لا تعرف ماذا تفعل!»، لذلك كان بافيت حريصاً على الإلمام بتقلبات الأسواق وكيفية الاستفادة منها، حيث يقول : «أنظر إلى تقلبات السوق بوصفها أمراً طبيعياً». وفي حال كنت تقرأ في هذا الكتاب؛ فهذا يعني أنك في الأصل أحد المستثمرين العقاريين في السوق، أو أنك ترغب في أن تصبح مستثمراً وتنضم إلى السوق في المستقبل القريب، سواء كنت تنوي الشراء أو تخطط للبيع. لذلك، من الضروري فَهْم ومعرفة كيف يتصرف مشترو العقارات والبائعون على حد سواء، وحتى المستأجرون خلال دورات الأسواق المختلفة.

وما من شك أنك في نهاية هذا الفصل سيكون بإمكانك التعامل مع السوق وتمتلك القدرة على وضع استراتيجيات لاختيار العقارات المناسبة، والقيام بعمليات الشراء وإعادة البيع والتخارج. إضافة إلى الترتيبات المالية اللازمة بناءً على دورات السوق المختلفة.

ثلاثة اعتبارات رئيسة للتركيز عليها

الأسواق المختلفة تتطلب استراتيجيات مختلفة

كشفت دراسات عدة أن الكثير من المستثمرين يتخذون قرارات عاطفية أكثر من أن تكون مبنية على المنطق، حيث يَعْمَدون إلى الشراء بأسعار مرتفعة وفقاً للشائعات، والبيع بسعر منخفض عندما يصابون بالذُّعر. وغالباً ما أشعر بخيبة ظن وصدمة عند رؤية الكثير من الأشخاص وقد اتخذوا قرارات جادة تُعاكس واقع الأسواق وتقلباتها، كما لو أنهم يبحثون عن الخسارة. لهذا السبب، ينتهي بهم الأمر بتضييع الفرص الحقيقية التي توفرها الأسواق في ذلك الوقت.

تجدر الإشارة إلى أنه دائماً ما ترتبط الخطوات الأولى ومدة الاستثمار واستراتيجية التخارج بشكل كبير بدورة السوق، وأن أول ما يتوجب القيام به في هذه الحال هو الفَهْم الصحيح لحال السوق ووضع استراتيجية خاصة بناءً عليها. وتذكر أنه لا يمكنك بوصفك مستثمراً تغيير التوجه السائد للسوق، وعليك أن تتعلم كيف تربح من التقدم مع التيار. العقارات تُعد استثماراً متوسطاً إلى طويل الأجل، وإذا كان البيع مُرْبِحاً على المدى القصير، فلِمَ لا!

الحذر من عمليات الاحتيال وأوهام الثراء السريع

غالباً ما يكون المستثمر الذي يبحث عن طرق مختصرة لتحقيق الثراء

السريع، عُرْضَة للخداع وعمليات الاحتيال، لكن لماذا؟ لأن أي إنسان عاقل ويمتلك معرفة كافية، يُدرِك تماماً بأنه لا وجود لما يُعْرَف بطرق مختصرة لتحقيق الثراء، وهو يعلم أيضاً أن المحتالين كافة يقدمون وعوداً كاذبة وغير منطقية لدرجة يصعب تصديقها. أليس كذلك؟!

ما الذي تتوجب معرفته عن الاستثمار خلال دورات الأسواق العقارية؟

يتفق الخبراء على ظهور قواعد وقوانين استثمارية مختلفة خلال تقلبات ودورات الأسواق، ويتوجب على المستثمر الذكي الإلمام بها وإتقان التصرف؛ ففي مقال لمونتاغو بولوك بعنوان «أهمية دورات الأسواق العقارية»، أشار فيه إلى أن أسواق العقارات تميل إلى التقلبات ما بين التقييم المبالغ فيه والتقييم الأقل من القيمة الحقيقية للسوق، وأضاف: «ما مقياس ازدهار الأسواق، وما مقياس تراجعها، هذه مسألة نتعلمها بالنظر إلى التاريخ والمقارنة مع الأصول الأخرى. إن أسواق العقارات المبالغ في سعرها مُغرية للغاية، وفي كثير من الأحيان ثمة أسباب وجيهة للاعتقاد بأن سوقاً مُعَيّناً يستحق تقييماً أعلى مما كان عليه في الماضي، أو من غيره من الأسواق. وفي أحيان أخرى (لجعل الأمور أكثر تعقيداً) تكون هذه الحجج منطقية».

قاعدة ذهبية

بهدف تعظيم الربح وتقليل المخاطر، عليك مواءمة استراتيجية البدء ومدة استثمارك واستراتيجية التخارج الخاصة بك مع دورات وأحوال الأسواق التي عادةً ما تراوح بين الثبات والهبوط بشكل جزئي أو الارتفاع. كقاعدة عامة، تحتاج بوصفك مُسْتَثْمِراً إلى أن تدرك أن الاستثمار يكون أكثر أماناً خلال أوقات انخفاض الأسعار، وهذا لا يعني أنه لا يمكن تحقيق الأرباح خلال أوقات تحسّن الأسواق وازدهارها، لكن يتوجب أن نكون أكثر حرصاً وحذراً في التعامل مع رأس المال المُسْتَثْمَر ومدة الاستثمار واستراتيجية إعادة البيع والتخارج من السوق عند شراء العقار في ظل الأسواق المزدهرة أو المرتفعة.

كما يوصى بشدة، بوصفك مستثمراً عقارياً ذكياً، أن يكون لديك خطة متوسطة المدى في حال كنت تنوي الشراء بهدف إعادة البيع وتحقيق المكاسب خلال أوقات ازدهار الأسواق، أو حيثما كان ذلك ممكناً، وذلك لأن أية خطة طويلة الأجل قد لا تتماشى مع المسار الطبيعي لدورات السوق. فقد تجد فجأة أن رأس المال الذي جمعته بشق الأنفس، والذي استثمرته

بتأنٍّ وحذر شديدين، يخضع بالكامل لظروف السوق الجديدة التي هي بطبيعة الحال تختلف عما كانت عليه سابقاً، حيث إن السوق المزدهر لا بد له والمرور بفترة هدوء قبل أن يستقر في النهاية. ولكن، في حال كان لديك رأس مال احتياطي كافٍ (Reserve Funds)، فإنه يحميك من أي ضغوط مستقبلية لإعادة البيع في ظل أسواق قد لا تكون مثالية للبيع، إذ يعطيك النَّفَس الطويل لاختيار الوقت الأمثل للقيام بإعادة البيع وبالتالي تحقيق أعلى الأرباح. وتجدر الإشارة إلى أن ما ينخفض لا بد وأن يرتفع مرة أخرى، والرسم البياني العام لأي سوق عقاري غالباً ما تجده مرتفعاً على المدى الطويل،

ومع ذلك، خلال دورة السوق المنخفضة ستظل خطتك فعالة، وهذا يعني أن اختيار التوقيت المناسب وفَهْم دورة العقارات أمر حيوي لتحقيق أقصى قدر من العوائد على المال المُسْتَثْمَر.

*****

فيما يلي سأتطرق إلى دورتي السوق على نحو أوسع، ونستكشف معاً كيف يمكن لهذه الدورات أن توفر أنواعاً مختلفة من الفرص بناءً على قدرتك للاستثمار، وما تتطلبه كل دورة من فَهْم وإدراك واستراتيجيات مُغايِرة. كما سأتناول بالتفصيل ما قد تحتاج للقيام به لتحقيق النجاح خلال دورتي السوق.

ما يتوجب فعله وتجنبه خلال أوقات انخفاض الأسعار بالأسواق وركودها

ما يتوجب فعله..

✓ **التوعية بالأجواء السلبية السائدة في السوق العقاري وإدراك مدى فائدتها.** إذا سألنا الناس عن الاستثمار في العقارات في سوق يطغى عليه الركود، فإن تسعة من عشرة أشخاص يردون بإجابات سلبية ونبرة يشوبها الذُّعر والتشاؤم. يجب أن تكون أكثر حكمة وتُدرك سبب كونه وقتاً مناسباً للاستثمار.

✓ **تَذَكّر أنه على الرغم من انخفاض السوق وركوده، إلا أنه سيعاود الارتفاع مرة ثانية.** لا تنتظر وصول السوق إلى أسوأ نقطة خلال انخفاضه، والطريقة الوحيدة لمعرفة فيما إذا كان السوق قد وصل إلى أدنى مستوياته وبدأ في الارتداد إيجاباً مرة أخرى، هي عندما يبدأ بالفعل.

بحلول ذلك الوقت، ثمة فرصة ما أتيحت لك وأضعتها، لأنه في تلك الأثناء، وأياً كان الشخص الذي تنوي الشراء منه، سيكون قد أدرك ذلك أيضاً، وعَمِد إلى رفع أسعاره.

- ✓ **البحث عن شريك المعرفة المناسب.** كما ذكرت بإسهاب في الفصول السابقة، يمكن لخبراء العقارات تمكينك من العديد من الفرص وتحقيق الأرباح خلال انخفاض الأسعار بالأسواق وركودها.

- ✓ **اللجوء إلى القروض المصرفية خلال ركود الأسواق.** يمكن لهذا الأمر أن يزيد من نسبة العائد على الاستثمار (ROI) إلى حد غير مسبوق؛ سيتم شرح هذه النقطة بإسهاب لاحقاً في هذا الفصل.

- ✓ **تحديد وإقرار وقبول المحفزات الرئيسة وراء انخفاض وركود السوق.** يمكن لمؤشر السوق أن ينخفض للعديد من الأسباب المختلفة، لكن من المهم معرفة وفَهْم أيٍّ من هذه الأسباب ينطبق على حالتك، حتى تتمكن من التخطيط بحكمة لخطواتك التالية.

- ✓ **تقدير الإطار الزمني لتحديات السوق الحالية.** لا يمكن لأحد التنبؤ بالمستقبل، ولكن من المفيد دائماً تحديد إطار زمني محتمل للتحديات الحالية حتى تنتهي، أو تتغير.

- ✓ **البحث عن الفرص التي أوجدتها الأزمات في السوق خلال أوقات الانخفاض والركود.** استهدف المواقع أو المناطق المتميزة، والمشاريع والوحدات الرئيسة ضمن المناطق التي تسترعي اهتمامك، إذ تُعد أفضل طريقة لزيادة أرباحك إلى أقصى حد عند إعادة البيع: «شراء الأفضل بسعر منخفض».

- ✓ **تحديد عوامل الخطر بشرط ألا تُعيق تقدمك.** هذا في حال كنت تعتقد أنك لا تستطيع تحمل المخاطر. يجب أن تكون على معرفة تامة بإمكاناتك وقدراتك، وعلى إثره يمكنك التحرك والمُضي قُدُماً في الاستثمار.

ما يتوجب تجنبه..

- ✗ **فرط التفكير في فرصة الشراء وعدم اتخاذ أية خطوة إلى حين «انتظار اللحظة المناسبة».** لا تتوقف أو تتوانَ في البحث عن أية فرصة

جيدة، وعند عثورك عليها بادر لاغتنامها. اتبع الخطوات المذكورة في هذا الكتاب ولن ترتكب أي أخطاء.

✗ **فرط التفكير في استراتيجية التخارج من السوق، أو البيع من الأساس.** اتبع القواعد الأساسية والحقائق التي في متناول يديك، إذ يتطلب الأمر كرة بلورية لمعرفة ما يخبئ المستقبل، ونحن لا نؤمن بهذه الخرافات. احرص على التواصل مع شريك المعرفة باستمرار لوضع وتحديد استراتيجية إعادة البيع والتخارج التي تشمل أيضاً معرفة من سيقوم بالشراء منك؟ ولماذا؟ ومتى؟

✗ **الذُّعر من تقلبات السوق على المدى القصير.** من الممكن أن يستمر السوق في التقلب لفترة من الزمن؛ فلا تقلق، إذ سيعاود الارتداد إيجاباً.

✗ **عدم التواصل مع شريك المعرفة.** بعد إتمام الصفقة، استمر في التواصل مع شريك المعرفة بين الفينة والأخرى. قد تأتي فرصتك الذهبية للبيع؛ فلا تفوّتها.

✗ **الانصياع للجشع.** عندما يحين الوقت المناسب للبيع، اغتنمه جيداً واعْمَد إلى التخارج بشكل سريع، خاصة إذا صادفت ارتفاعاً غير منطقي في الأسعار، لأن أية زيادة مفاجئة لا بد لها أن تنخفض مرة أخرى.

ما يتوجب فعله وتجنبه خلال أوقات نمو وتوسع وازدهار الأسواق

ما يتوجب فعله..

✓ **التعقّل والتأكد من عدم التأثر بالأجواء الإيجابية المبالغ فيها.** ربما يتحدث إليك تسعة، أو عشرة من عشرات الأفراد عن إيجابيات الاستثمار العقاري خلال فترة نمو وتوسع الأسواق العقارية، لكن هذا لا يعني أن رأيهم صائب، لذلك يُنصح بعدم التسرع وتوخي الحذر.

✓ **المحافظة على رباطة جأشك وضبط النفس.** لا تفقد أعصابك وحافظ هدوئك، واتبع نهجاً تجارياً يتوافق مع البيانات والحقائق بين يديك.

✓ **البحث عن شريك المعرفة المناسب.** تحدثنا في هذا الأمر، إنه غاية في الأهمية في كلتا الحالتين، ولا يمكنني سوى التأكيد على هذا الأمر مُجدداً.

✓ **التأكد والتحقق من نمو السوق العقاري بالفعل، وأنه ليس مجرد ارتفاع خادع في الأسعار.** لهذا تحتاج إلى:
- مقارنة متوسط الأسعار الحالية بمتوسط الأسعار القديمة.
- تحديد الأسباب الكامنة وراء أية طفرة قد تحدث.
- تحديد المدة التي استمرت فيها أسعار العقارات في الصعود.
- توقع المدة التي ستستمر فيها الأسباب التي دفعت بأسعار السوق العقاري إلى الارتفاع.
- التواصل مع شريك المعرفة لفَهْم فروق الأسعار بين بناء عقار من الصفر وشراء عقار جاهز.
- تحديد ما إذا كانت المصارف تُقرض أعداداً أكثر أو أقل من المُشترين كرهون عقارية؛ فقد أصبحت المصارف بعد أزمة الرهن العقاري التي حدثت 2008 – 2009 أكثر تحفظاً، خاصة فيما يتعلق بالقروض العقارية. لذلك عندما تقوم المصارف بتزويد المشترين بنسبة أعلى من القرض إلى قيمة العقار المرهون (LTV)؛ فغالباً ما يكون ذلك مؤشراً على صحة السوق. وهذا يعني أن المصارف تؤمن بقيمة سوق العقارات الذي تموّله.

✓ **إعداد خطة للبيع والتخارج خاصة بك منذ اليوم الأول.** ابحث عن الفرص التي توفر لك خطة لإعادة البيع والتخارج واضحة بما يتماشى مع أهدافك الاستثمارية الرئيسة.

✓ **وضع استراتيجية خاصة للتخارج قصيرة إلى متوسطة المدى بناءً على ما يلي:**
- من الجمهور المستهدف لإعادة البيع؟
- لِمَ يعْمَدون إلى الشراء منك؟
- مع من تتنافس عند إعادة البيع؟
- ضع بعض الفرضيات حول الإطار الزمني لإتمام عملية البيع

✓ **تحديد عوامل الخطر بشرط ألا تُعيق تقدمك.** هذا في حال كنت تعتقد أنك لا تستطيع تحمل المخاطر. يجب أن تكون على معرفة تامة بإمكاناتك وقدراتك، وعلى إثر ذلك يمكنك التحرك والمُضي قُدُماً في الاستثمار.

✓ **مراقبة السوق العقاري عن كثب بالتعاون مع شريك المعرفة المناسب للتعرف على أحواله وتبادل الآراء.**

ما يتوجب تجنبه...

X **الجشع.** التزم باستراتيجيتك الخاصة في إعادة البيع والتخارج وكن مرناً. وعندما تستثمر خلال أوقات ذروة نمو وتوسع وازدهار السوق. تذكر أن سعر العقار عاجلاً أم آجلاً سيبدأ في الانخفاض أو يستقر عند حدٍّ معين. لا أحد يستطيع تحديد فترة ذروة الأسعار لأي من الأسواق بدقة، لكن طالما أنك تحقق ربحاً كافياً، فلا تنظر إلى الحد الأقصى وخطط للبيع، إذا كان هذا ما قررته وقت دخول السوق.

*****

الآن وبعد أن تعرفت على سلوكيات السوق، وعرفت ما يجب القيام به أثناء نمو وازدهار السوق وانخفاضه، فلنتعرف أكثر إلى العلاقة بين استخدام القروض المصرفية للاستثمار في العقارات ودورات السوق:

القروض المصرفية للاستثمار في العقارات خلال دورات الأسواق المختلفة

تتيح القروض المصرفية للمستثمرين زيادة نسب عائداتهم على رأس المال المُسْتَثْمَر، ومع ذلك فهي استراتيجية ليست آمنة، خاصة إذا قررت دخول السوق والاستثمار باستخدام القروض العقارية خلال ازدهاره ونموه أو ارتفاع أسعاره.

وعلى الرغم من أنها تُعَد واحدة من أفضل الاستراتيجيات للاستثمار في العقارات أثناء انخفاض السوق وركوده، إلا أنها من ناحية أخرى الاستراتيجية الأكثر خطورة خلال فترة نمو الأسواق، حيث تكون الأسعار مرتفعة للغاية.

لمزيد من التوضيح سأشرح بالأرقام، انظر الجدول البسيط في الصفحة التالية. جدير بالذكر أن هذا المثال افتراضي، ولم يؤخذ في الحسبان التكاليف المختلفة أو الأرباح المحتملة. ركّز فقط على الأرقام الأساسية من أجل فَهْم المبادئ.

بوجه عام نلاحظ أن استخدام القروض المصرفية في سوق مزدهر يُعرِّضُك لمخاطر قد لا تكون قادراً على تحمّلها.

لنفترض أنك استثمرت مبلغاً من المال يصل إلى 250,000 وحصلت على قرض من أحد المصارف بقيمة 750,000، ثم ما لبث وأن انخفض السوق بنسبة 50 في المائة، فإن السعر المفترض لإعادة البيع أو التخارج من السوق يبلغ 500,000. ولكونك مديناً للبنك بمبلغ 750,000، فإنه يتعيّن عليك

دفع مبلغ 250,000 إضافية من أموالك الخاصة لتتمكن من إعادة بيع العقار، الأمر الذي يُعَد مخاطرة قد لا تتمكن من تحمّلها.

وختاماً، إذا تمكنت من البيع والتخارج بنسبة 50 في المائة من سعر الشراء الأصلي، فإنك حتماً ستخسر أموال الدفعة الأولى، وهي 250,000 وسيتعين عليك دفع مبلغ آخر بقيمة 250,000 بغرض سداد القرض المصرفي، حتى تتمكن من بيع العقار وتتخلص من ديونك.

من ناحية أخرى، إذا كنت تستخدم القروض المصرفية لشراء عقار خلال انخفاض الأسعار، فإنه يمكنك تحقيق عوائد مرتفعة لن تتمكن من تحقيقها أبداً من دون القرض، حتى إذا قمت باستثمار أموالك بالكامل. وفي حال كانت قيمة القرض أكثر بكثير مما يمكن أن تدّخره من راتبك شهرياً؛ فقد تُشكِّل هذه الدفعة نقطة البداية التي تحتاج إليها والمباشرة في بناء ثروتك.

إليك هذا المثال. قمت بشراء عقار بمبلغ 500,000 ودفعت مبلغ 125,000 من مالك الخاص، ثم أضفت ما يصل إلى 375,000 كنت قد حصلت عليها من البنك بوصفها قرضاً عقارياً. المخاطر هنا محدودة جداً، لكونك اشتريت العقار بنصف السعر، مقارنةً بالسعر الذي يمكن أن تشتري به خلال نمو وتوسع الأسواق، وبالتالي لديك الفرصة للربح ومضاعفة رأس المال المُسْتَثْمَر.

ماذا نستفيد من هذه الأمثلة؟ يتوجب على المُسْتَثمِر توخّي الحذر عند اللجوء للقروض المصرفية واستثمارها خلال نمو وتوسع الأسواق، وعليه أن يضع خطته الاستثمارية بوضوح مع مراعاة العوامل والعناصر كافة التي تحدثنا عنها سلفاً في هذا الكتاب ووضعها بالاعتبار.

من ناحية أخرى، يشكّل الوقت أحد أبرز العوامل التي تؤثر في نجاح عملية الاستثمار العقاري، إذ لا يمكن الجزم بوجود وقت محدد من العام مناسب. ولكن للاستفادة من القروض المصرفية واستثمارها في قطاع العقارات، فلا يوجد فرصة أفضل من أوقات انخفاض الأسعار بالأسواق.

إدارة المخاطر... لا شك في أن جميع أنواع الاستثمار يصاحبها درجة من المخاطرة على الرغم من أنها تحمل في طياتها أرباحاً تفوق التوقعات؛ فلا يوجد ما يسمى بالاستثمار الآمن، بما في ذلك الاستثمار في سوق العقارات. ثمة مخاطر عدة تحيط بمجال الاستثمار العقاري.

على سبيل المثال، ما حدث لسوق لندن وكيف تأثر عند خروج بريطانيا من الاتحاد الأوروبي والمجموعة الأوروبية للطاقة الذرية «بريكست»،

	أوقات نمو وتوسع الأسواق	أوقات انخفاض الأسواق
قيمة العقار	1,000,000	500,000
قيمة القرض	750,000 (75% من قيمة الشراء)	375,000
رأس المال المُسْتثْمَر	250,000 (25% من قيمة الشراء)	125,000
	على افتراض أن كل سوق مزدهر يجب أن ينخفض في وقت ما، فقد انخفض السوق بنسبة 50% على مدى عدد من السنوات.	على افتراض أن كل سوق منخفض يجب أن ينمو ويزدهر في وقت ما، فقد ارتفع السوق بنسبة 50% على مدى عدد من السنوات.
قيمة إعادة البيع	500,000	750,000
الربح أو الخسارة بالأرقام	- 500,000	250,000
العائد على المبلغ النقدي المُسْتَثْمَر	- 200%	100%

الشكل 1. مثال يوضح مخاطر استعمال القروض المصرفية للاستثمار خلال أوقات نمو وتوسع الأسواق مقابل أوقات انخفاض أسعارها.

وسوق هونغ كونغ وماهية ردة الفعل الناتجة عن الأنشطة السياسية ضد الصين في عام 2019. ومع ذلك، فإن سوق العقارات لا يزال الأكثر أماناً، وفي معظم الحالات يُعَد السوق الأقل تأثراً عند مقارنته بأسواق رأس المال والأسهم، حيث يمكن لاستثمارك أن يصل إلى «صفر».

إذا اتبعت الخطوات التي تمت مناقشتها في هذا الفصل، وقمت بتقييم عامل الخطر ووضعه في الحسبان، حتماً يمكنك التخفيف من تلك المخاطر إلى أقصى حد ممكن. وإنْ لم تحقق أرباحاً عالية، أؤكد لك أن المخاطر ستبقى عند الحد الأدنى، في حين أن إمكاناتك بزيادة الأرباح لا حدود لها.

حافظ على هدوئك ورباطة جأشك واستمر.. تذكر دائماً أن الأسواق تشهد تقلبات وتمر بدورات مختلفة؛ فثمة أوقات ترتفع فيها الأسعار

وأخرى تنخفض فيها، فلا تنقَد وراء الجشع ولا داعي للذُّعر. كما أن السماح لعواطفك بتوجيه استثماراتك حتماً يقودك إلى نتائج وخيمة. لا تنجرف مع التيار عندما يكون سوق العقارات مزدهراً، أو تستسلم لخيبة الأمل عندما تنخفض الأسعار.

حافظ باستمرار على هدوئك، واعْمَد إلى استشارة شريك المعرفة الذي يمتلك الخبرة الكافية لنُصْحِك، وكما قال بنجامين فرانكلين: «الاستثمار في المعرفة يعود عليك بأفضل النتائج».

في القسم الرابع سأشرح لك كيفية تحديد العقار الأنسب للاستثمار من خلال سلسلة خطوات محددة وسهلة لاتباعها.

القسم الرابع
الوجهة.. النجاح

«ثِق أنك تستطيع النجاح، ستجد أنك قطعت نصف الطريق لتصل إلى هناك».

- ثيودور روزفلت

الفصل التاسع

الأهمية الفائقة للبيانات والتوجهات الشائعة للأسعار وإحصاءات السوق العقاري

أبرز النقاط

- البيانات.. نفط المستقبل
- تقليص المخاطر وزيادة فرص تحقيق الأرباح
- النجاح ليس من قبيل الصدفة
- من دون بيانات وإحصاءات.. أنت تعتمد التخمين وآراء الآخرين
- كيفية الوصول إلى البيانات وقراءتها والاستفادة منها
  - **الخطوة الأولى:** جمع البيانات
  - **الخطوة الثانية:** تاريخ المعاملات وتوجهاتها الشائعة
  - **الخطوة الثالثة:** تقييم العرض
- قراءة وتفسير البيانات
- دليل بسيط لعملية تقييم أسعار العقارات
- إيرادات التأجير
- تكلفة الأرض والبناء
- **تحليل مقارنة أسعار السوق وتقييمها (CMA)**

في أيامنا هذه، يدور عالم الأعمال حول ركيزتين رئيستين، وهما البيانات والتكنولوجيا. ومع ذلك، لا يزال يتخذ العديد من الأشخاص بعضاً من أكبر قرارات الاستثمار وأكثرها جدية في حيواتهم، من دون أخذ البيانات والإحصاءات التي في متناول الأيدي بالاعتبار، بل ويتعمّدون غَضّ الطرف عنها، وبالتالي يخسرون فرصة الاستفادة من أهم مقوّمات (عوامل) اتخاذ قرارات استثمارية ثاقبة تقود إلى النجاح وجني أرباح خيالية؛ فاستخدام البيانات والتقنيات الحديثة أصبحت جزءاً لا يتجزأ من أي قرار استثماري صائب. كما أنهم لم ينجحوا في الاستعانة بمجموعة شاملة من التقنيات سهلة الاستخدام والفعالة التي من شأنها إضفاء قيمة كبيرة لعملية صنع القرار.

في هذا السياق، لا بد من التأكيد على أنه حتى نتمكن من التنبؤ وإنشاء التوقعات وإبداء التوصيات بشكل دقيق؛ فنحن بحاجة إلى الكثير من البيانات والإحصاءات.

اسأل نفسك؛ كيف يمكنك تحديد الفرص المستقبلية قبل الآخرين؟

بوصفك مستثمراً - بطريقة ما أو أخرى - فأنت تتنافس مع مستثمرين آخرين للحصول على أفضل الفرص العقارية، ولكن ثِق أنه لا يمكنك الصمود أمام المستثمرين الذين يستخدمون البيانات والإحصاءات لدعم استراتيجياتهم الاستثمارية من البداية وحتى مرحلة إعادة البيع، ما لم تكن جاهزاً مثلهم، أو أفضل منهم.

لذلك، من المهم إدراك ومعرفة أن الاستثمار لا يتعلق بشراء أو بيع العقارات فقط، بل باعتماد القرارات الصحيحة التي تستند إلى البيانات في كل المراحل؛ دخول السوق، أو إعادة البيع، أو التأجير؛ فالبيانات تتيح لنا اكتساب رؤية ونظرة ثاقبة تمكننا من اتخاذ القرارات الاستثمارية الصحيحة حول التوجهات المستقبلية، وبالتالي تقليص المخاطر وزيادة الفرص لتحقيق الأرباح. هل ثمة صعوبة في هذا؟ أؤكد لك أن إتقان هذا الأمر أسهل بكثير مما قد يبدو عليه.

قد يرفض الكثير من الأفراد فكرة قراءة البيانات والاطلاع على الرسوم البيانية. في الواقع الأمر غاية في السهولة، ولسنا بحاجة إلى أن نكون خبراء لتعلّمها وتحقيق النتائج المرجوة.

وبحلول الوقت الذي تنتهي فيه من قراءة هذا الفصل سوف تتمكن من:

- فَهْم أهمية البيانات عندما يتعلق الأمر بالاستثمار العقاري؛
- فَهْم أنواع البيانات الرئيسة وتوجهات السوق الشائعة؛
- تعلم كيفية قراءة البيانات والاستفادة منها.

ملاحظة مهمة: جميع الرسوم البيانية والصور استُخدِمَت في هذا الفصل بوصفها مثالاً على كيفية عمل البيانات والإحصاءات، وهي لا تمثل الواقع الفعلي لأي سوق عقاري، لكن إطار البيانات والتوجهات الشائعة نفسه يمكن الاستفادة منه، ويُعَد قابلاً للتطبيق في معظم، إن لم يكن كل الأسواق الناضجة.

البيانات.. نفط المستقبل

يمكن القول إنه ذات مرة، كان الذين يحتكرون النفط هم من يسيطرون على الاقتصاد، إلا أن ثمّة اقتصاد جديد اليوم يرتكز على البيانات التي تُعَد من دون أدنى شك النفط الجديد، حيث يمكن لها أن تكون أكثر فعالية من النفط ومنتجاته، في الإعداد والبناء والسيطرة على الاقتصاد، بل وأكثر من ذلك. وهكذا، فإن اتخاذ أي قرار استثمار من دون الأخذ بالاعتبار البيانات والأرقام والإحصاءات يعادل اتخاذ قرار بالسَّير على حبلٍ مُعلّق على ارتفاعٍ شاهق وأنت معصوب العينين.

دعني أُذَكِّرك أيها القارئ بجائحة كوفيد - 19 التي اجتاحت العالم عام 2020، والتي يُعَد انتشارها دليلاً على أن الاستثمار لم يكن يوماً بمنأى عن المخاطر، إذ لم يتبادر إلى ذِهْن أحد أن المطارات ستغلق أبوابها يوماً والطائرات قد تتوقف عن الطيران، وأن الطرق خالية وسيلتزم الأفراد بالبقاء في منازلهم.

ومع هذا التغيير المفاجئ والحاد الذي لَحِقَ بالأسواق، ظهرت فرص قد لا تتكرر مرة أخرى. المستثمرون الذين تمكنوا من المحافظة على الموضوعية والمطلعين على التاريخ والبيانات الحالية والتوجهات الشائعة للسوق، تمكنوا من تحقيق أقصى استفادة من تلك الفرص، وتكوين ثروة جديدة. حالات من هذا القبيل تحدث خارج إرادتنا، لكن في الوقت ذاته يمكننا التحكم فيها إذا قمنا بالتكيف مع الوضع، الإعداد وإدارة خطوتنا التالية.

تقليص المخاطر وزيادة فرص تحقيق الأرباح

تأكد أيها المُستثمِر أن معظم الأفراد الذين ينتهي بهم المطاف بخسارة أموالهم لم يقوموا بدراسة البيانات والأرقام والإحصاءات وأخذ التوجهات

الشائعة في الأسواق بالاعتبار بشكل جِدّي، الأمر الذي يُمَكِّنُهم من اتخاذ القرارات الصائبة. ما يمكن القيام به هو تقليص المخاطر في حال حدوث أية مفاجأة ناجمة عن أية أزمة عالمية، مع زيادة إمكانات وفرص الربح إذا سار كل شيء حسب المتوقع. ولا توجد طريقة أخرى للقيام بذلك بخلاف دعم كل قرار نتخذه خلال رحلتنا مع الاستثمار بالحقائق والبيانات والإحصاءات.

النجاح ليس من قبيل الصدفة

الكثير منا ينسب النجاح إلى الصدفة؛ والعقارات واحدة من أكثر الاستثمارات المُربِحة على الإطلاق. في الواقع، معظم الأثرياء يستثمرون جزءاً من ثرواتهم في أصول عقارية، والعديد من رواد الأعمال الناجحين اليوم، وفي الماضي، حققوا أرباحاً من العقارات بشكل أكبر من عملهم الرئيس. لكن أن يصبحوا أثرياء من قبيل الصدفة هذا غير صحيح؛ فالأمر يستغرق وقتاً وجهداً لإعداد خطة وتنفيذ استراتيجية ناجحة. باشر العمل منذ اللحظة الأولى بطريقة صائبة ولن تجد شيئاً أكثر فائدة من الاستثمار لجني الأرباح، وقد سبق أن أكدت على ذلك في الفصول السابقة.

لكن، لن تنجح إذا لم تقم بالدراسة والبحث بشكل صحيح. وعليك بالبيانات والمعلومات المتوافرة على مدار الساعة وطوال أيام الأسبوع، ما يُمهّد الطريق أمامك لتحقيق أهدافك. وسواء كنت مُشترياً أو بائع عقارات، فأنت بحاجة قوية لمعرفة القيمة الدقيقة والحقيقية للممتلكات والمشاريع التي تُبدي اهتمامك بها للاستثمار فيها. والشيء ذاته ينطبق على المالكين أصحاب الأصول العقارية المُدرّة للدخل الذين يتوجّب عليهم حساب إيرادات التأجير الفعلي بناءً على التقييم الحالي لسعر السوق اليوم.

كذلك الأمر بالنسبة لبائعي العقارات، إذ ينبغي عليهم فَهْم القيمة الحقيقية لأصولهم العقارية حتى يتمكنوا من تحديد أسعار البيع المناسبة؛ وليس بالضرورة أن يُشكّل السعر في الإعلانات القيمة الحقيقية للصفقة، حيث في كثير من الأحيان يعلن البائعون عن سعر أعلى لإتاحة المجال للتفاوض. وقد يتم عرض أسعار جذابة في الإعلانات عبر الإنترنت من أجل جذب متعاملين محتملين جدد والحصول على تفاصيل اتصال خاصة بهم، بينما في الواقع السعر الحقيقي للممتلكات المعلن عنها أعلى بكثير.

في الختام، المصدر الأكثر موثوقية لحقيقة قيمة العقارات هو السعر بناءً على معاملات البيع الفعلية التي تمت، كما هو في سِجّلات دائرة الأراضي والعقارات الحكومية.

من دون بيانات وإحصاءات.. أنت تعتمد التخمين وآراء الآخرين

إحدى السمات المميزة لأي سوق عقاري ناضج تكمن في شفافية البيانات والإحصاءات التي نادراً ما تُدركها في الأسواق الجديدة. وسواء كنت ترغب في بيع أو شراء عقار، فأنت بحاجة أولاً إلى فَهْم القيمة الحقيقية للعقار بشكل كامل حتى تتمكن من زيادة أرباحك.

أسعار المنازل
أسعار العقارات بإمارة دبي في السنوات الأخيرة

تقرير العقارات المتاحة
حصر جميع الوحدات والمشاريع قيد الإنشاء

الأداء السنوي
نظرة عامة على الأداء السنوي للسوق العقاري في إمارة دبي

تعداد السكّان في إمارة دبي - الإمارات العربية المتحدة
تعداد السكّان في دبي - الإحصاءات عبر السنين

المناطق الأعلى مبيعاً
أفضل المناطق أداءً بإمارة دبي في مجال العقارات

التوجهات الشائعة النقدية مقابل الرهن العقاري
في عقارات دبي

السياحة في إمارة دبي
بيانات السياحة وأبرز الإحصاءات والأرقام

مؤشر أسعار العقارات
تغير أسعار العقارات في إمارة دبي خلال السنوات الأخيرة

تعقب حال مشاريع دبي
أحدث إحصاءات المشاريع العقارية في إمارة دبي

نمو إجمالي الناتج المحلي لإمارة دبي
إحصاءات الناتج المحلي وتفصيلاتها في السنوات الأخيرة

التوجهات الشائعة حسب المنطقة في إمارة دبي
حجم مبيعات العقارات وتغير السعر في كل منطقة

قائمة ممتلكاتك الخاصة
بيع، تأجير أو إدارة ممتلكاتك الخاصة في إمارة دبي

متفرقات
أخبار سوق العقار بإمارة دبي في السنوات الأخيرة

قيد الإنشاء مقابل عقار جاهز
مقارنة بين مبيعات العقارات قيد الإنشاء ومبيعات العقارات الجاهزة

أفضل المدارس بإمارة دبي
أبرز المعايير وأداء المدارس الخاصة في دبي

قطاع العمل في إمارة دبي
قائمة الأعمال الملغاة والأعمال الجديدة التي تم ترخيصها في إمارة دبي

الشكل 2: مثال على نوع التقارير التي يمكن الحصول عليها، عن السوق العقاري بإمارة دبي.
المصدر www.DXBinteract.com

قد تسأل خبيراً في العقارات عن رأيه، أو تقوم بالدخول إلى المواقع الإلكترونية للعقارات والتحقق من الأسعار المعلنة للعقارات المماثلة، أو البحث عن خدمة مدفوعة لتقييم العقارات عن طريق مُقيّم عقارات مستقل (طرف ثالث)، لكن مؤشر القيمة الأكثر دقة هو تاريخ البيانات، جنباً إلى جنب أحدث أسعار المعاملات كما هو متاح مجاناً في سجلات دبي الحكومية. وتتوافر مصادر مماثلة في معظم الأسواق الناضجة حول العالم، حسب البيانات الوطنية المتاحة. بعضها مجاني، والآخر ربما يتطلب دفع اشتراك، أو أي شكل آخر من الرسوم.

والوسيلة التي يمكن من خلالها معرفة القيمة الحقيقية وتاريخ تداول العقارات أو الوحدات العقارية التي ستقوم بشرائها، أو بيعها، هي عبر الوصول لبيانات التداول الفعلية.

كيفية الوصول إلى البيانات وقراءتها والاستفادة منها

سأشرح الآن هذه العملية الأساسية في ثلاث خطوات سهلة، يتبعها دليل موجز عن كيفية القيام بقراءة البيانات وعملية تقييم العقارات.

الخطوة الأولى	الخطوة الثانية	الخطوة الثالثة
جمع البيانات	تاريخ المعاملات وتوجهاتها الشائعة	تقييم العرض

فيما يلي بعض التعريفات المهمة لمستويات (محاور) القياس الأربعة المستخدمة في كل خطوة من الخطوات الثلاث المذكورة أعلاه:

- المستوى 1 - السوق العام؛ في هذا المستوى نقوم بقراءة المجرى العام للسوق العقاري في المدينة التي ترغب بالاستثمار فيها. إضافة إلى التركيز على البيانات والإحصاءات لمعاملات البيع والشراء والتأجير للفئة العقارية المُستهدفة على نطاق السوق بشكل عام. على سبيل المثال، إذا كنت مهتماً بالوحدات السكنية (الشقق السكنية) في مدينة ما، فسوف تقوم بقراءة بيانات معاملات الشقق السكنية ضمن نطاق السوق العقاري لتلك المدينة.
- المستوى 2 - المجمّع الرئيس؛ المنطقة التي يقع فيها المشروع. يتوجب هنا أيضاً تحديد الفئة العقارية التي تنوي الاستثمار فيها؛ فعلى سبيل المثال، إذا كنت تنوي الاستثمار في مجمّع رئيس معين يتكون من شقق وفلل ومكاتب ومحال للبيع بالتجزئة، تأكد من إجراء بحث كافٍ والقيام بجمع البيانات الخاصة بنوع الفئة العقارية التي ستستثمر فيها.
- المستوى 3 - المشروع؛ المشروع العقاري الذي تستهدف الاستثمار فيه (على سبيل المثال، المجمع، البرج، منزل مستقل (فيلا)، المجتمع، إلخ).
- المستوى 4 - العقارات، الوحدة العقارية المحددة التي تهمك.

الخطوة الأولى: جمع البيانات

ثمة أربعة توجهات شائعة أساسية للبيانات، وهي:

1. متوسط السعر للقدم المربعة؛
2. إجمالي عدد معاملات المبيعات؛
3. القيمة الإجمالية لعمليات البيع؛
4. العقارات (العروض) المتاحة في الوقت الراهن، ومستقبلاً في السوق.

الشكل 3: رسم بياني يوضح مراحل جمع بيانات خاصة بالتوجهات الأربعة الشائعة في كل من مقاييس المستويات الأربعة.

تتمثل الخطوة الأولى في جمع البيانات الخاصة بالتوجهات الأربعة في كل من مستويات (محاور) القياس الأربعة المذكورة أعلاه، ووفقاً لإطار زمني محدد يتم اختياره. قد يكون ثلاثة أشهر أو ستة أشهر أو ثلاث سنوات أو عشر سنوات، ثم تحديد نوع العقار الذي ستستثمر فيه، سواء كان وحدة سكنية أو مشروعاً جاهزاً، أو قيد الإنشاء، أو مشروعاً حديث البناء وتم بيعه من قِبَل المطور العقاري مباشرة.

1. حدّد متوسط السعر للقدم المربعة على كل مستوى، أي سعر البيع في منتصف مجموعة البيانات عندما تقوم بترتيب جميع الأسعار من الأقل إلى الأعلى. لاحظ أنه في حال وجود أرقام، أو بيانات غير معقولة في أي من طرفي المجموعة يجب تجاهلها.

اسأل نفسك أو شريك المعرفة:

- لماذا ارتفع متوسط السعر أو انخفض خلال فترة زمنية معينة؟ هل هذا بسبب الحالة العامة أو الجو العام للاقتصاد، أو المحفزات المحلية (على سبيل المثال ظروف السوق المحلي، أو التوجهات الشائعة للسوق) المتعلقة بالمشروع؟
- هل أشتري عندما تصل الأسعار إلى ذروتها، أم في المنتصف، أو عندما تكون في القاع؟

2. حدّد إجمالي عدد معاملات المبيعات على جميع المستويات الأربعة، واسأل نفسك أو شريك المعرفة:

- كم عدد العقارات التي تم بيعها من الفئة ذاتها في الشهر أو السنة (السنوات) الماضية؟
- كم عدد العقارات في المشروع ذاته، أو المجمّع الرئيس، أو في السوق تم بيعها؟ هل كان توجه أرقام المعاملات صعوداً وهبوطاً؟

ستخبرك الإجابات بمدى تمكن المالكين (أصحاب الأصول من العقارات) من سرعة البيع في هذا المشروع.

عندما تضع هذه البيانات في الاعتبار بعد تقدير عدد العقارات المعروضة للبيع في السوق، ستكون قادراً على استنتاج ما إذا كان هناك (أ) عددٌ كبيرٌ من البائعين ولكن لا يوجد مشترون، أو (ب) العديد من المشترين ولكن لا يوجد بائعون، وبالتالي ستتمكن من فَهْم مستوى الطلب والعرض.

يمكن لعدد قليل من معاملات البيع بسعر مناسب أن يشكّل مؤشراً على وجود العديد من المشترين وقلة في البائعين (ارتفاع الطلب وانخفاض العرض)، وهو أمر صحي للغاية. ولكن إذا رأيت هبوطاً في عدد معاملات البيع جنباً إلى جنب مع انخفاض قيمة الأسعار، فهي إشارة إلى انخفاض الطلب وربما ارتفاع العرض.

3. حدّد القيمة الإجمالية لعمليات البيع في كل مستوى من المستويات الأربعة، واسأل نفسك أو شريك المعرفة:

- ما القيمة الإجمالية لعمليات البيع المسجلة للعقارات المماثلة داخل المشروع ذاته أو المجمّع الرئيس؟
- هل القيمة الإجمالية للوحدات المباعة داخل المشروع ذاته، أو المجمّع الرئيس، أو السوق العام، كانت آخذة في الازدياد، أو التناقص خلال السنوات الماضية؟ ولماذا؟

- هل كانت القيمة الإجمالية لمعاملات المبيعات تتجه للصعود أو الهبوط في السنوات القليلة الماضية؟ ولماذا؟

يتم استخدام هذا المؤشر بشكل أكبر على نطاق السوق أو المجمّع الرئيس ولكن يمكن استخدامه أيضاً على مستوى المشروع أو الوحدات العقارية. وسوف يساعدك هذا الأمر على فَهْم ما إذا كان يتم تنفيذ مشاريع ذات قيمة منخفضة أو عالية في المجمّع أو السوق، وملاحظة أية زيادة أو نقصان حادّين في أسعار العقارات. وفي بعض الحالات، يمكن أن تكون مؤشراً على وجود عقارات مطوّرة أو مفروشة بالكامل أو وحدات مجددة تسببت في صعود الأسعار بشكل كبير.

4. وضع تصور للعقارات (العروض) المتاحة حالياً ومستقبلاً في السوق على جميع المستويات الأربعة، وهي خطوة أساسية ومفيدة للإجابة عن الأسئلة التالية المتعلقة بمفهوم العرض والطلب:

- هل من مشاريع جديدة قيد الإنشاء، أو سيتم تشييدها، أو أنها جاهزة في المجمّع الرئيس ذاته أو في السوق خلال الأشهر، أو السنوات القليلة المقبلة؟
- كم عدد الوحدات التي ستعرض أو يمكن عرضها في السوق، ومتى؟
- هل المشاريع الجديدة أكثر جاذبية، أم تأتي بأسعار منافسة ومزايا أفضل، أو تتضمن المزيد من المرافق؟
- كيف سيؤثر العرض الجديد في الطلب على العقارات والمشاريع التي قمت بشرائها في الوقت الحالي ومستقبلاً؟

مثل الأصول الأخرى، تتبع العقارات قانون العرض والطلب؛ فعندما يكون الطلب على العقارات مرتفعاً لكنها غير متوافرة، ترتفع الأسعار ويصبح السوق في مصلحة البائع. وعندما يزيد عدد العقارات المتاحة ويصبح السوق مُتْخماً بالعروض، عادة ما تنخفض الأسعار ويصبح السوق في مصلحة المشتري. إن تحقيق التوازن بين العرض والطلب في سوق العقارات ليس بالأمر السهل؛ فإذا نما الطلب فجأة، ارتفعت أسعار العقارات بطريقة مبالَغ فيها. وفَهْمُ هذا المبدأ الاقتصادي الأساسي يمكن أن يساعد المستثمرين على تحديد أفضل وقت لشراء أو بيع عقاراتهم. إضافة إلى ذلك، يتوجب دراسة العروض المتاحة بناءً على عدد العقارات المتوافرة في كل منطقة وأنماط الحياة التي توفرها العروض.

لذلك يجب أن تسأل عن عدد المشاريع الجاهزة للبيع وعدد المشاريع قيد الإنشاء التي تقع في المنطقة التي تنوي الشراء فيها. كما أن فَهْم الوضع الحالي والمستقبلي للمشاريع في السوق المحلي والخارجي، خاصةً

عندما تقوم بإعداد استراتيجية إعادة البيع الخاصة بك - والتي غالباً ما ستعتمد على وجود طلب طويل الأجل من المشترين والمستأجرين، يُعَد أمراً ضرورياً.

توضح الأشكال البيانية في الصفحات التالية التوجهات الشائعة للسوق المذكورة هنا. يرجى ملاحظة أن نماذج الرسوم البيانية مصدرها سوق دبي، والهدف منها توضيح ما يتوجب عليك البحث عنه والانتباه إليه في السوق والمشاريع الخاصة بك. وقد حصلت على هذه المعلومات عبر الموقع الإلكتروني www.DXBinteract.com الذي يتيح الوصول إلى تقارير المستثمرين في سوق إمارة دبي.

وإذا كنت تستثمر في هذا السوق فإنني أوصيك بإلقاء نظرة على التقارير الموجودة في هذا الموقع لأنها ستتيح لك البدء في بحث واسع على مستوى المدينة واستكشاف معايير ومقاييس مختلفة، مثل الموقع والمشاريع الجاهزة وأخرى قيد الإنشاء ومعاملات الرهن العقاري والمعاملات النقدية والشقق والمكاتب والفلل وغيرها. من المهم تقدير الأداء العام للسوق عبر مختلف الشرائح والأنواع، ولكن في النهاية سوف تستثمر في موقع محدد أو مشروع واحد الذي إما أن يكون جاهزاً، أو قيد الإنشاء، أو فيلا أو غيرها. لذلك فإن تحديد البحث عن العقارات وتضييق نطاقه إلى فئة محددة هو أمر حيوي للمُضي قُدُماً واتخاذ القرار الصحيح.

بشكل عام، زمن قراءة التقارير العامة عن التصرفات والمعاملات العقارية في الأسواق قد ولّى وانتهى؛ فنحن في عصر التكنولوجيا المتقدمة التي منحتنا القدرة الخارقة على تحصيل واستنتاج تقارير تفاعلية، تخص وترتبط بأهدافنا المحدده بمجرد ثوانٍ.

وبمجرد الانتهاء من الخطوة الأولى، ستكون قد قمت بتكوين فَهْم واضح لدورة الأسعار والعرض والطلب للسوق بشكل عام، بدءاً بالمنطقة التي تستهدفها، ووصولاً إلى المشاريع أو الوحدات العقارية التي تستقطب اهتمامك. أنت الآن قطعت أكثر من نصف الطريق لإدراك وفَهْم ما إذا كنت تشتري أو تبيع بالسعر المناسب وفي الوقت المناسب. في الخطوة الثانية، سندخل في تفاصيل أعمق على مستوى الوحدة.

ملاحظة: تحدثت في هذا الجزء من الكتاب عن بيانات معاملات البيع لكونها الأكثر تداولاً بين المستثمرين، إلى جانب أنها متوافرة بشكل أكبر من بيانات معاملات التأجير العقاري. ولكن في حال توافر بيانات التأجير، فإني أنصح بتحليلها أيضاً، لأهميتها في تقدير عوائد التأجير التي ترتبط بشكل وثيق بتحديد قيمة العقار، وهو ما ذكرته آنفاً في الكتاب.

لا تفقد حماستك أو دافعك عند قراءتك لـ «ما يجب فعله أو تجنّبه»، لأن معرفة ما يتوجّب عليك فعله وتجنّبه أو ترْكه عند الاستثمار، هو ما يجعل الاستثمار فعّالاً وناجحاً.

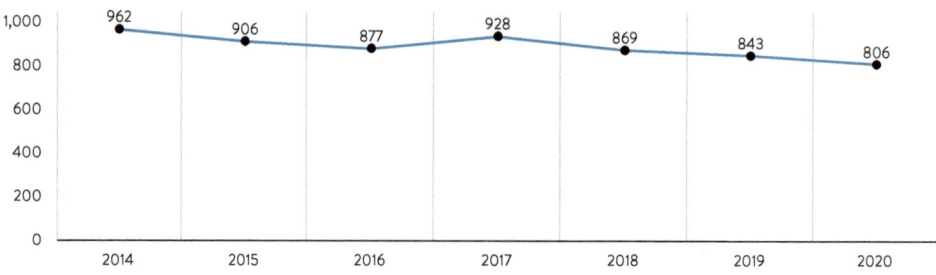

الشكل البياني 4: رسم بياني يوضح التوجه الشائع لمتوسط السعر لكل قدم مربعة خلال فترة زمنية معينة.
(المصدر: www.DXBinteract.com)

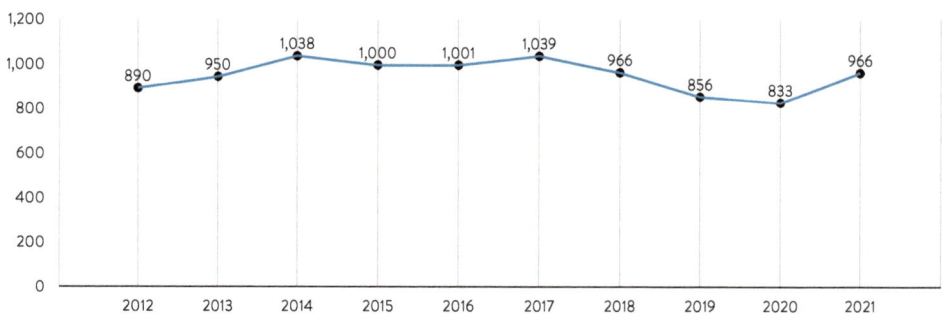

الشكل 4 أ: رسم بياني يوضح التوجه الشائع لمتوسط السعر لكل قدم مربعة خلال فترة زمنية للسوق ككل.
(المصدر: www.DXBinteract.com)

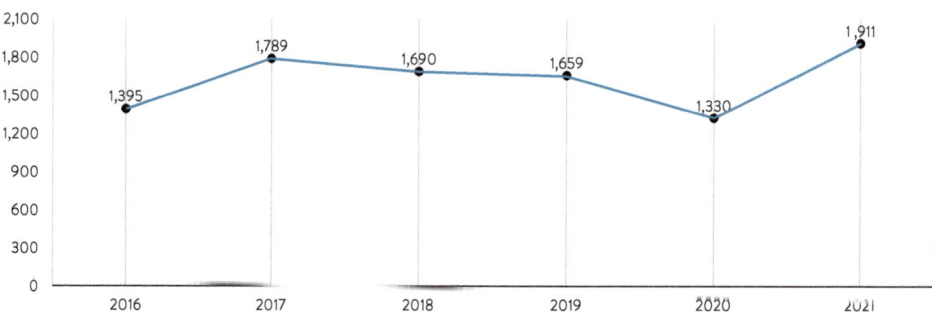

الشكل البياني 4 ب: رسم بياني يوضح التوجه الشائع لمتوسط السعر لكل قدم مربعة خلال فترة زمنية لمجمّع رئيس.
(المصدر: www.DXBinteract.com)

المنطقة	النوع	الحجم 2019	الحجم 2020	حجم التغير %
أبو هيل	قطعة أرض	8	7	▼ -12.5
العوير 1	قطعة أرض	137	131	▼ -4.4
العوير 2	مبنى	-	1	-
العوير 2	قطعة أرض	2	4	▲ 100
البدع	مبنى	3	5	▲ 66.7
البدع	قطعة أرض	8	8	0
البرشاء	مبنى	2	2	0
البرشاء	تجاري	1	1	0
البرشاء	قطعة أرض	2	1	▼ -50
البرشاء 1	شقة	1	4	▲ 300
البرشاء 1	مبنى	8	6	▼ -25
البرشاء 1	قطعة أرض	8	4	▼ -50
البرشاء 2	مبنى	4	1	▼ -75
البرشاء 2	تجاري	9	5	▼ -44.4
البرشاء 2	قطعة أرض	9	10	▲ 11.1

الشكل البياني 5: جدول يوضح التوجه الشائع لتغير السعر لكل قدم مربعة في مناطق مختلفة من إمارة دبي.
(المصدر: www.DXBinteract.com)

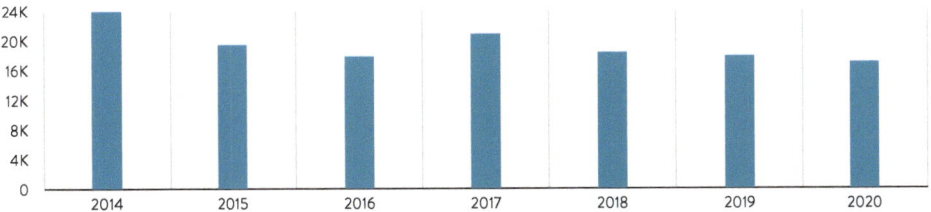

الشكل البياني 6: رسم بياني يوضح حجم المبيعات السنوية خلال فترة زمنية معينة.
(المصدر: www.DXBinteract.com)

قيمة المبيعات السنوية لجميع المناطق

قيمة مبيعات العقارات على مدى سنوات، بناءً على المعلومات الواردة من دائرة الأراضي والأملاك بدبي.

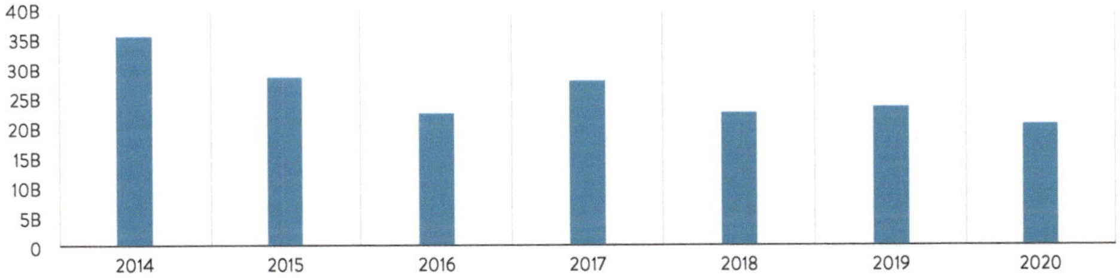

الشكل البياني 7: رسم بياني يوضح إجمالي قيمة معاملات المبيعات السنوية خلال فترة زمنية معينة.
(المصدر: www.DXBinteract.com)

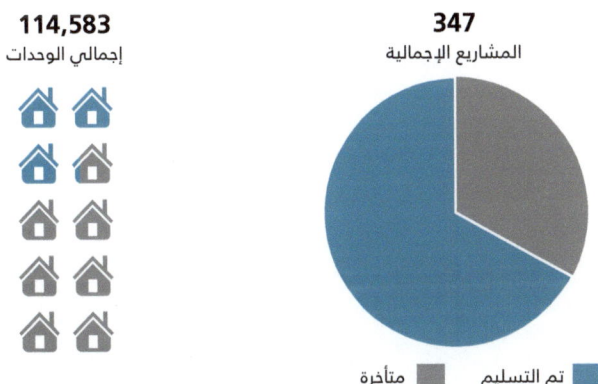

الشكل البياني 8: تقرير العقارات المتاحة يوضح معدل التسليم وعدد المشاريع لعام 2020.
(المصدر: www.DXBinteract.com)

عدد الوحدات التي تم تسليمها سنوياً

يوضح هذا الرسم البياني عدد الوحدات بناءً على التاريخ الفعلي لإنجاز البناء.

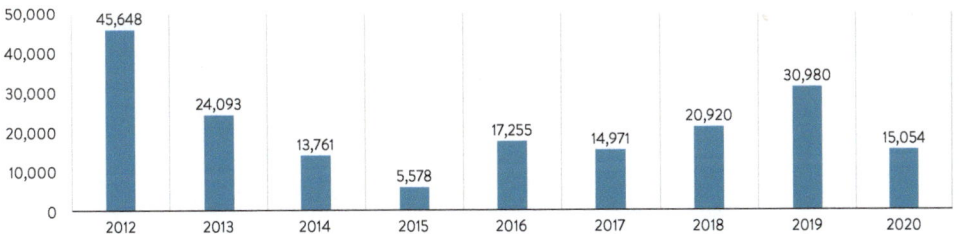

الشكل البياني 9: تقرير العقارات المتاحة يوضح عدد الوحدات التي تم تسليمها سنوياً.
(المصدر: www.DXBinteract.com)

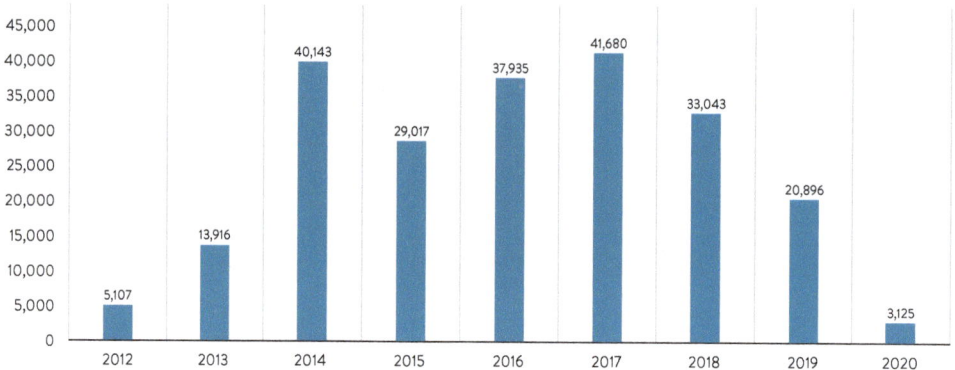

الشكل البياني 10: تقرير العقارات المتاحة يوضح عدد العقارات التي يتم طرحها سنوياً.
(المصدر: www.DXBinteract.com)

لا تشمل هذه الأرقام أي مشاريع متأخرة وتاريخ تسليمها قبل عام 2020.

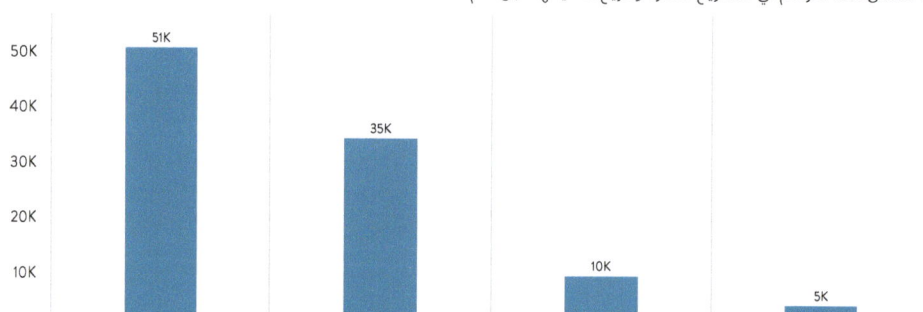

الشكل البياني 11: تقرير العقارات المتاحة ويوضح عدد العقارات المخطط له في المستقبل (اعتباراً من يناير 2020).
(المصدر: www.DXBinteract.com)

يأخذ هذا المخطط في الاعتبار العقارات قيد الإنشاء.

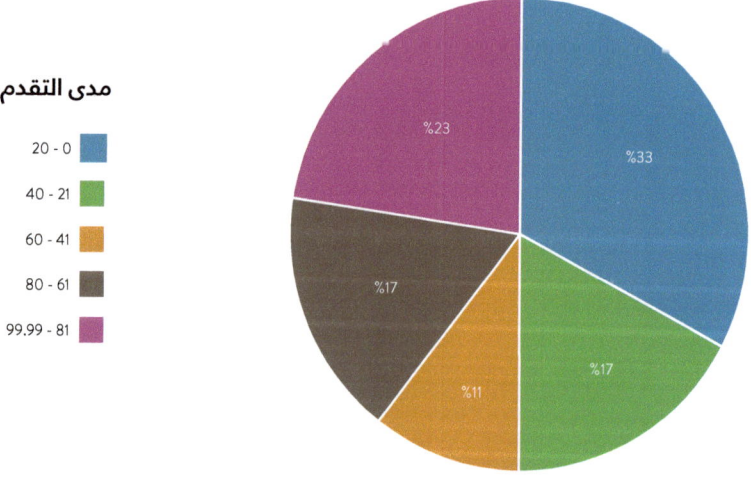

الشكل البياني 12: تقرير عن نسبة إنجاز أو اكتمال العقارات الموجودة / المتاحة في السوق.
(المصدر: www.DXBinteract.com)

الخطوة الثانية: تاريخ المعاملات وتوجهاتها الشائعة

الخطوة التالية هي دراسة السعر للقدم المربعة وإجمالي قيمة العقار أو الوحدة العقارية لآخر خمس معاملات مسجلة لبيع وشراء عقارات مشابهة، سواء كانت شقة أو فيلا أو قطعة أرض، إلخ. وعندما أقول فأنا أعني «العقارات المشابهة» أي الأكثر شبهاً بالعقارات التي ترغب في الاستثمار فيها من حيث:

- المساحة
- نوع الوحدة
- مفروشة أو غير مفروشة
- الإطلالة
- الموقع
- عمر العقار
- تصميم العقار

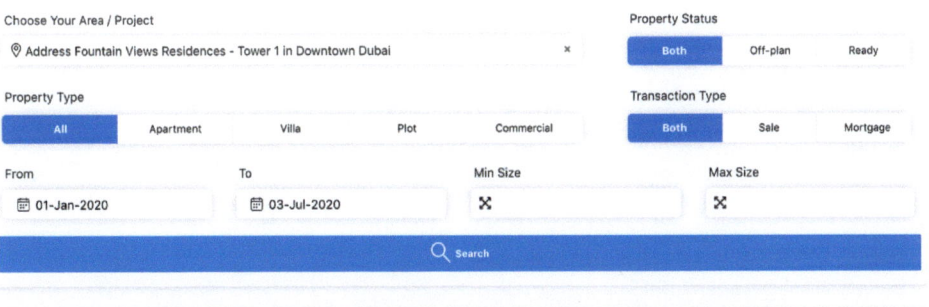

الشكل البياني 13: صورة من الموقع الإلكتروني توضح تاريخ معاملات البيع لمشروع. (المصدر: www.DXBinteract.com)

Area	Community	Date	Procedure	Status	Category	Price AED	Bed	Size (Sq.ft)	Price AED Per Sq.ft
Downtown Dubai	Address Fountain Views Residences - Tower 1	28-Jun-2020	Mortgage	Ready property	Apartment	1,680,000	-	1,334	1,260
Downtown Dubai	Address Fountain Views Residences - Tower 1	17-Jun-2020	Sale	Ready property	Apartment	6,704,857	-	2,217	3,025
Downtown Dubai	Address Fountain Views Residences - Tower 1	19-Mar-2020	Sale	Ready property	Apartment	8,186,888	-	2,354	3,478
Downtown Dubai	Address Fountain Views Residences - Tower 1	16-Mar-2020	Mortgage	Ready property	Apartment	3,743,444	-	2,304	1,625

1. دراسة قيمة كل صفقات المبيعات في المشروع (سعر القدم المربعة والسعر الإجمالي للوحدة العقارية). كما ترى في عملية البحث الموضحة أدناه، اسم المشروع هو «Address Fountain Views Residences – وسط دبي» ويمكنك أن ترى جدول جميع معاملات البيع المسجلة للشقق التي تم بيعها في هذا البرج تحديداً.

لذا، إذا كان لديك شقة للبيع في المبنى نفسه، أو إذا كنت ترغب في شراء شقة، فإنه يمكنك من خلال هذا الجدول التحقق من الأسعار (إجمالي قيمة الوحدة والقيمة أو السعر لكل قدم مربعة) للشقق ذات المساحات المماثلة التي يتم تداولها. كما يمكن أيضاً، التحقق من عدد الشقق التي تم بيعها في فترة زمنية معينة.

2. تحديد عدد عمليات البيع التي تمت في المشروع خلال الأشهر الثلاثة أو الستة الماضية. يمكن الاطلاع على البيانات التي تم جمعها، والتي تتعلق بعدد معاملات البيع كما هو موضح سابقاً في هذا الفصل، في الخطوة الأولى، النقطة رقم 2.

الشكل البياني 14: رسم بياني يوضح عدد معاملات البيع التي تمت في المشروع.

15
عدد المعاملات
7.14%
على أساس سنوي

3,304,308
متوسط سعر العقار
42.89%
على أساس سنوي

2,283
متوسط سعر القدم المربعة
42.89%
على أساس سنوي

Address Fountain Views Residences – البرج 1 وسط دبي سعر العقار مع مرور الوقت (للقدم المربعة)

من الممكن لمعاملات القرض العقاري أن تكون مسجلة بناءً على قيمة القرض. لذلك، هذا الرسم البياني لا يأخذ في الاعتبار معاملات القرض العقاري.

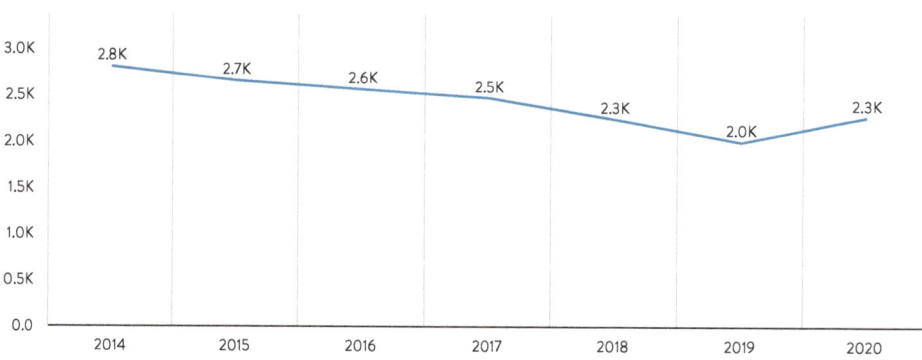

3. شروط الدفع يمكن أن تُحدِثَ فرقاً كبيراً في الأسعار. بوجه عام، هنالك طريقتان للحصول على عقار بشروط دفع طويلة الأمد:

- **استخدام قرض عقاري من المصرف أو الاقتراض من مزوّد رهن عقاري:** في هذه الحالات لا يتأثر سعر العقار المسجل، إذ يتم تحديد تكلفة الرهن العقاري في اتفاقية منفصلة بين المشتري ومقدمي الرهن العقاري. السعر المسجل للقدم المربعة و/أو إجمالي الوحدات العقارية، يبقى كما هو؛ ومع ذلك ثمة تأثير على السعر بالفعل يمكن حسابه.

- **خطط سداد ممتدة من قِبَل مطورين عقاريين، أو مؤسسات الاستثمار العقاري الكبرى، أو منظمات مماثلة:** هناك مجموعة لا حصر لها من خطط السداد. لتبسيط الأمر؛ فلنأخذ «مطوري العقارات» باعتباره المثال الأكثر شيوعاً. عندما يعرض المطورون العقارات للبيع، قد يأتي العرض بخطة سداد تعتمد على ظروف السوق. بالطبع نعلم أن كل مطور عقارات يرغب في الحصول على المبلغ كاملاً ومقدماً في معاملة واحدة. لكن في ظروف السوق الصعبة، هذا الأمر لا يمكن تحقيقه، لذلك يتعيّن على المطور أن يقدم خطة دفع جاذبة للمستثمرين، حيث يستمر السداد على مدى أشهر أو سنوات عدة.

في هذه الحالات تتأثر الأسعار، إذ إن الفائدة المستحقة الدفع على مدار الخطة الممتدة يتم إضافتها دائماً إلى السعر الأصلي.

النقطة التي أرغب في توضيحها هنا، هي أنه من المهم تحليل ما إذا كانت الأرقام أو البيانات التي تقرؤها عن سعر القدم المربعة أو إجمالي التكلفة قد تم وضعها بعد الأخذ في الاعتبار خطط للسداد ممتدة. ويمكن التحقق من هذا الأمر عن طريق البحث عن العروض والأسعار الخاصة بالمشروع عبر الإنترنت.

على سبيل المثال، لنفترض أن أحد مطوري العقارات يقوم ببيع برج مكون من 400 شقة. بدأت المبيعات في عام 2014 عندما كان المشروع لا يزال قيد الإنشاء، وكان سعر القدم المربعة يصل إلى 1,000 بناءً على خطة سداد مدتها ثلاث سنوات. في عام 2017، تم الانتهاء من المشروع ولا يزال المطور لديه خمسون شقة للبيع، حيث كان السوق ضعيفاً للغاية، ولم يتمكن من بيع الوحدات المكتملة المتبقية. على إِثْر ذلك، يلجأ المطور إلى تقديم عرض خاص: «انتقل اليوم وادفع على مدى 8 سنوات». لكن خطة الدفع الممتدة هذه أدت إلى زيادة السعر

ليصبح 1,300 للقدم المربعة. وهكذا لم تتم إضافة الـ 300 لأن قيمة المشروع ارتفعت، وإنما بسبب خطة السداد. في الحقيقة، في مثل هذه الحالات قد تجد وحدات في المشروع نفسه قد اشتراها المستثمرون خلال مرحلة الإطلاق ويريدون إعادة بيعها بمبلغ أقل من 1,300 للقدم المربعة، ولكن من دون خطة سداد.

بشكل عام، قراءة البيانات الخاصة بالمعاملات العقارية والتوجهات الشائعة للسوق تدور حول التقلبات غير المنتظمة صعوداً أو هبوطاً، والتساؤل عما يتعلق بالأسعار أو عدد المعاملات، ثم العثور على إجابات دقيقة لتمكيننا من الحصول على قراءات دقيقة للسوق، وبالتالي اتخاذ القرار السليم والخطوة الصحيحة.

الخطوة الثالثة: تقييم العرض

تحليل وتقييم ومقارنة العرض الفعلي، سواء كان عرضاً للبيع أو الشراء، مع النتائج التي تغطي مستويات (محاور) القياس الأربعة، والتي تمت مناقشتها في الخطوة الأولى المتعلقة بالعقارات المحددة، وهي خطوة ستمكّنك من فَهْم:

- القيمة العادلة للعقار.
- القيمة المُبالَغ بها للعقار.
- العقارات التي تم تقييمها بأقل من سعرها.

أنا واثق تماماً من أنك الآن على علم جيد بأفضل وأذكى الخطوات التي يجب اتخاذها عند شراء أو بيع عقار على أساس الحقائق والأرقام الثابتة. كما أنك أصبحت قادراً على تحديد ما إذا كنت بحاجة إلى إجراء المزيد من المفاوضات قبل إتمام أية صفقة، من عدمها.

تمثل الخطوات الثلاث طريقة مطبقة عالمياً، لكونها تعتمد على الأسعار (لكل قدم مربعة أو متر مربع، وكذلك إجمالي الأسعار) وعدد المعاملات. لذلك يمكن تطبيقها على جميع أنواع العقارات، سواء كانت سكنية أو تجارية أو قيد الإنشاء أو مؤجرة أو شاغرة وما إلى ذلك.

اسمح لي أيضاً، بأن أذكرك بأهمية تحديد شريك المعرفة المناسب الذي يمكنه إرشادك وشرح الحقائق والأرقام، ما يجعل الدور الذي يقوم به استثماراً قيّماً.

قراءة وتفسير البيانات

إن الوصول إلى البيانات ليس سوى الخطوة الأولى، حيث يجب أن يتبعها

هل يجب أن تكون خبيراً كي تتمكن من قراءة وفَهْم البيانات وتوجهات السوق الشائعة؟

إجابتي عن هذا السؤال هي لا؛ فهي مجرد عملية مباشرة تتطلب قراءة أرقام واضحة، وطرح بعض الأسئلة الأساسية للحصول على إجابات تشرح لك ببساطة وتُرشِدك إلى أفضل الأسعار للشراء أو البيع.

كما ذكرت سابقاً، كل سوق ناضج يوفر ثروة من البيانات والإحصاءات الدقيقة أولاً بأول، والإطار الأساسي لاستخدام البيانات لاتخاذ قرارات استثمارية مدروسة ينطبق على جميع الأسواق بالطريقة نفسها إلى حد ما. لكن، بالنظر إلى خبرتي في سوق دبي للعقارات، قمت باستخدام نموذج دبي لشرح هذه الآلية.

بالنسبة للبيانات والإحصاءات المتعلقة بالعقارات في دبي، يمكن الوصول إليها كافة بكل سهولة ويُسر عبر الموقع الإلكتروني: www.DXBinteract.com؛ فجميع البيانات على هذا الموقع مصدرها دائرة الأراضي والأملاك بدبي، وهي دائرة حكومية. ويمكن أيضاً، تحميل تطبيق الهاتف المحمول للوصول إلى البيانات ذاتها الموجودة على الموقع الإلكتروني للشركة «fäm Properties».

وفي حال كنت تبحث في سوق مختلف، كل ما عليك فعله إجراء بحث بسيط لتحديد أكثر المصادر المناسبة للحصول على البيانات والإحصاءات وأكثرها مصداقية، ثم اتبع الآلية نفسها في عملية التقييم.

قراءة شاملة وتفسير دقيق للبيانات. قد يبدو الأمر معقداً، لكن اطمئن بأنه ليس كذلك.

كل ما عليك فعله هو قضاء بعض الوقت في قراءة البيانات، ثم استفسر من شريكك المعرفي عن بعض المعلومات وقم بطرح الأسئلة ذات الصلة حول سبب صعود وهبوط بعض الأرقام خلال فترة زمنية معينة. ستجد أنك وصلت إلى فَهْم منطقي لحال السوق بناءً على أرقام وحقائق لا تقبل الجدل.

دليل بسيط لعملية تقييم أسعار العقارات

بعد حديثنا عن الأرقام والبيانات وقيمة العقارات، أعتقد أنه يجدر أيضاً، تعريفك بالخطوط العريضة الأساسية لعملية تقييم العقارات. هناك ثلاثة أسس لتقييم العقار، وهي إيرادات التأجير، تكلفة الأرض والبناء، وتحليل مقارنة أسعار السوق وتقييمها (CMA)، إذ تحتاج للوصول إلى فَهْم سليم لكل منها بغرض التقييم بدقة.

إيرادات التأجير

بوصفك مستثمراً، فأنت بحاجة إلى أن تكون على علم بالقيمة الفعلية للإيجارات الخاصة بالعقارات المماثلة. كما يتوجب عليك أيضاً، التعرف إلى متوسط عائد الاستثمار المتوقع للإيجار في ذلك الموقع للعقارات المماثلة، ثم مقارنة قيمة الإيجار ومتوسط عائد الاستثمار (ROI) من التأجير في هذا الموقع مقابل قيمة العقار المعروض.

على سبيل المثال، يقوم الوكيل العقاري بالإعلان عن إحدى الشقق بقيمة 1.5 مليون، ويَعِدُ المستثمرين بصافي دخل من الإيجار تقديري بنسبة 5 في المائة في السنة (نسبة العائد على الاستثمار 5%). في هذه الحال، عليك التحقق من قيمة الإيجار السنوية للشقق المجاورة، وتقييم ما إذا كان وكيل العقارات قد بالغ في وعوده، أم أن الأرقام التي ذكرها تُعَد دقيقة إلى حد ما.

فإذا كانت قيمة الإيجار السنوي للعقارات المحيطة المماثلة بالفعل تبلغ 50,000 دولار، فهذا يعني أن نسبة العائد على الاستثمار للعقارات المعروضة ليست 5 في المائة كما يدعي وكيل العقارات.

وعلى افتراض أن متوسط عائد الاستثمار في هذا الموقع يبلغ 5 في المائة، فهذا يعني أن 1.5 مليون مقابل عقار مؤجر فقط بقيمة 50,000 هو سعر مبالغ فيه. أما إذا كان سعر بيع العقار البالغ 1.5 مليون وقيمة الإيجار 50,000 هي أسعار السوق الفعلية، هذا يعني أن نسبة العائد على الاستثمار هي 3.3 في المائة وليست 5 في المائة كما يدعي وكيل العقارات.

وبوجود هذه الأرقام أعلاه في متناول الأيدي، يمكن استنتاج أنه لتحقيق عائد بنسبة 5 في المائة، فإن قيمة الشقة يجب أن تكون في حدود مليون، لكون قيمة الإيجار تبلغ 50,000.

تكلفة الأرض والبناء

يتم حساب هذه التكلفة من خلال معرفة متوسط سعر قطعة الأرض التي يُقام عليها المشروع أو تشييد المنزل، وإضافته إلى متوسط تكلفة بناء

المشروع، ومقارنته بسعر العقار المعروض، أو أي عقار آخر مماثل. من السهل بالطبع حساب تكاليف العقارات من الوحدات السكنية المستقلة كالفلل، مقارنة بتكلفة شقة ضمن ناطحة سحاب.

إليك هذا المثال البسيط، قطعة أرض تبلغ مساحتها 10,000 قدم مربعة والمساحة المبنية (المساحة الداخلية المشيدة) تصل إلى 6,000 قدم مربعة، وسعر القدم المربعة للأرض هو 500 دولار وسعر القدم المربعة للبناء لمجموعة مماثلة في الجودة هو 500 دولار؛ فإن تكلفة الأرض والبناء تكون كالتالي:

- 10,000 (مساحة الأرض) × 500 (تكلفة الأرض لكل قدم مربعة) = 5 ملايين (إجمالي قيمة الأرض).
- 6,000 (إجمالي المساحة الداخلية المبنية) x 500 (قيمة البناء لكل قدم مربعة) = 3 ملايين (تكلفة البناء).

واستكمالاً للمثال، دعنا نفترض أن الإطار الزمني للبناء تم تحديده ليبلغ عامين، وإجمالي الاستثمار يبلغ 8 ملايين دولار من دون اللجوء إلى قرض مصرفي، هذا يعني أن 6 ملايين دولار يجب استثمارها في السنة الأولى (تكلفة الأرض + مليون دولار بوصفها تكلفة بناء جزئية)، ومليوني دولار يجب استثمارها في السنة الثانية (تكلفة البناء المتبقية)، ثم نضيف إلى ذلك متوسط تكلفة استدانة المبلغ الذي يمكن اكتسابه في استثمار آخر بما يعادل سعر فائدة مصارف التمويل العقاري، وهو 5 في المائة في السنة. (ملاحظة: للحساب بسهولة أكثر، سنعرض التدفق النقدي على أساس سنوي وليس على أساس شهري):

- التكلفة للسنة الأولى هي 300,000
- التكلفة للسنة الثانية 400,000
- إجمالي التكلفة 700,000

وختاماً، فإن إجمالي تكلفة تشييد وحدة منزلية مستقلة (فيلا) مماثلة تصل إلى 8,7 ملايين دولار. وإذا كنت تنوي شراء فيلا مماثلة، فإن أية تكلفة تزيد على هذا السعر تُعَد مبلغاً إضافياً ستدفعه لتوفير الوقت والجهد، أو لتوليد دخل فوري من التأجير. لذلك، وفي حال عُرِضَت الفيلا بمبلغ 30 مليون دولار، فسوف تعلم أن ثمنها مبالغ فيه، وإذا تم عرضها بمبلغ يراوح بين 12 و13 مليون دولار فمن المرجح أن تحصل على قيمة عادلة اعتماداً على جميع العوامل الأخرى التي تم ذكرها آنفاً.

وعلى الرغم من أنه لا يمكن لكل مستثمر العمل بهذه الأرقام، خاصة إذا كانت الحسابات تتعلق بمشروع كبير ومعقد، إلا أنه لا يزال من المهم

لكل مستثمر أن يفهم أسس التقييم التي يستخدمها مقيّمو العقارات المحترفون لتحديد سعر أو قيمة أي عقار.

تحليل مقارنة أسعار السوق وتقييمها (CMA)

يُعد هذا الإجراء شكلاً من أشكال تحليل سوق العقارات، وهي وسيلة أساسية يعتمدها جميع مقيّمي العقارات المحترفين. من حيث الجوهر، فهو يقارن العقارات المماثلة بالعقار الذي ينوي شراؤه، في ضوء المعايير المختلفة التي تعتمد على السوق الذي يستثمر فيه، إلى جانب نوع العقارات التي يبحث عنها. ببساطة، هي العملية التي تقوم بها عند مقارنة العقارات المشابهة بالعقار الذي تقوم بتقييمه، بما في ذلك تقييم أسعار المعاملات والسعر المدرج في إعلانات العقارات.

عندما تعمل على تحليل مقارنة أسعار السوق وتقييمها، من المهم ضمان أن تكون العقارات التي تقوم بجمع بياناتها، مماثلة لبيانات العقارات التي ترغب في تقييمها. للتأكد من ذلك يجب عليك جمع البيانات للعقارات المماثلة على النحو التالي، مع الأخذ في الاعتبار أي اختلافات طفيفة محتملة عندما يتعلق الأمر بحساب القيمة النهائية المقدرة:

- المساحة: إجمالي مساحة الوحدة؛ داخلي؛ شرفة/حديقة.
- نوع الوحدة: سكنية، تجارية، فندقية أو شقة فندقية؛ عدد الغرف.
- مفروشة أو غير مفروشة.
- الإطلالة: هل الوحدة تطل على بحيرة ما، جبل، معلم، مرسى، شاطئ، أو حديقة؟ إطلالة كاملة متميزة من دون عوائق؛ إطلالة جزئية متميزة، أو الافتقار إلى أية إطلالات متميزة، على سبيل المثال إطلالة على مجمّع أو شارع ما، أو إطلالة مسدودة.
- الموقع: هل توجد في الوسط أو على الزاوية؟ وهل تتميز بوصول مباشر وسهل إلى الشاطئ، والمركز التجاري، ومحطة المترو، إلخ؟
- عمر العقار أو الوحدة العقارية.
- تشطيب العقار أو الوحدة العقارية وجودة المواد المستخدمة.
- تصميم العقار أو الوحدة العقارية.
- هل عُرِضَت بدفعة واحدة كاملة، أو عبر خطة سداد (أقساط)؟

والآن بعد أن أصبح لديك فكرة شاملة عن كيفية تقييم العقار أو الوحدة العقارية، إليك ملاحظتي الأخيرة حول البيانات والإحصاءات.

*****

بعد كل ما تقدم ذكره، أريد أن أضيف أيضاً أنني لا أزال أسمع أحياناً، الكثير من الأشخاص ينتقدون البيانات والإحصاءات ولا يأخذونها بجدّية.. صحيح أنه يمكن استخدام البيانات المتلاعب بها كـ «دليل» للتسويق والترويج للخداع، لهذا السبب عليك أن تتبع هذا النظام البسيط مع الأخذ بالاعتبار جميع العناصر الأساسية عند البحث في البيانات والأرقام وقراءتها وتحليلها:

1. لا تنجرف وراء التقارير بشكل أعمى. ابحث دائماً عن مصدر البيانات الذي توفره الحكومة، لأنه المصدر الوحيد الذي يمكن الوثوق به ولا يمكن أن يكون مضللاً، على عكس البيانات الجزئية أو الانتقائية المقدمة لغرض ما معين، أو لرسم صورة معينة لتحقيق هدف شخصي.

بعض وكلاء العقارات يقومون باختيار البيانات بناءً على الصورة التي يهدفون إلى نقلها للمتعاملين.

على سبيل المثال، إذا أراد الوكيل العقاري أن يثبت للبائع أن الأسعار قد انخفضت، سوف يقوم باختيار أقل معاملة بيع وأقل سعر معلن عنه، وتقديم تقريره بناءً على تلك البيانات. ولكن إذا كان المستثمر مطلعاً على مصدر البيانات المفتوحة، فإن خداعه يصبح مستحيلاً. وبالمثل، إذا أراد وكلاء العقارات إثبات صحة السعر المرتفع الذي يقدمه للمُشتري، فإنه يَعْمَد إلى اختيار المعاملات الأعلى سعراً ويتجاهل المعاملات متوسطة السعر.

ولهذا كنت حريصاً على طرح المثال الخاص بالموقع الإلكتروني www.DXBinteract.com الذي يتيح الوصول إلى مصدر البيانات المفتوحة بناءً على معايير البحث الشخصية.

2. لا تدع التقارير باستخدام برنامج «إكسل» والأرقام والرسوم البيانية تخيفك. في الواقع هي مجرد أرقام. وفي حال بدت معقدة بعض الشيء، اطلب المساعدة من الأشخاص المناسبين حولك.

3. اقرأ وكن مُطّلعاً واطرح الأسئلة. عند قراءتك، لا تتردد في طرح أسئلتك واستفساراتك على خبراء مختلفين، واختر الرأي الذي يناسبك ويقنعك أكثر.

في الفصل التالي سوف أشاركك عملية مجربة وفعالة، يجب عليك اتباعها للقيام باستثمارات ناجحة. قد تجدها معقدة بعض الشيء في البداية، ولكن إذا كنت تريد التأكد من أنك تقوم بقرارات الاستثمار الأكثر دقة لتقليل المخاطرة وزيادة أرباحك المحتملة، يرجى قراءة كل شيء بتأنٍ، من البداية وحتى النهاية.

بإمكان شريك المعرفة المناسب نُصحك وإرشادك وشرح الحقائق والأرقام لك، ما يجعل الدور الذي يقوم به استثماراً قيّماً.

الفصل العاشر

كيف يمكن لمقارنة وتحليل البيانات الإسهام في اتخاذ قرارات استثمارية صحيحة ودقيقة؟

أبرز النقاط

- العناصر الرئيسة لكل قرار خاص بالاستثمار
  - **الحقائق والفَهْم الصحيح**
- عملية المقارنة والتحليل والتقييم والقرار (CAAD)
- كيفية تطبيق عملية المقارنة والتحليل والتقييم والقرار (CAAD)
  - **الخطوة الأولى: المقارنة**
    - المشاريع
    - معايير المقارنة
    - المعلومات أو البيانات
  - **الخطوة الثانية: التحليل والتقييم واتخاذ القرار**

قيمة العقارات تقاس بالبوصة، وليس المقصود هنا البوصة بوصفها وحدة قياس وحسب، وإنما تعني الاهتمام بجميع التفاصيل الأخرى مهما كانت صغيرة، من إطلالات متميزة عبر النوافذ إلى الابتكار في التصميم الداخلي وجودة المواد المستخدمة.

بعد أن تعرفنا إلى الأسس الخاصة بالبيانات والإحصاءات، سأعمل الآن على تزويدك بكل ما يلزمك من أدوات لتمكينك من تحديد تلك التفاصيل والمزايا والفوائد، حتى تتمكن من تحديد القيمة الحقيقية التي ستحصل عليها مقابل أموالك، بينما تأخذ في الاعتبار المتطلبات الرئيسة لاستثمارك.

فلتقييم وتقرير مدى جودة أو ضعف منتج ما، يتوجب مقارنته بمنتجين أو ثلاثة منتجات أخرى التي تتطابق بشكل وثيق مع قائمة التفضيلات والاحتياجات الخاصة بك، ثم تحديد أيها يقدم أفضل قيمة مقابل الأموال التي سيتم دفعها.

في الواقع، إن مقارنة منتج بآخر تُعد جزءاً لا يتجزأ من عمليات الشراء التي نقوم بها يومياً، سواء كان عقاراً أو سيارة أو ملابس أو أجهزة، أو أي شيء آخر، إذ إننا نرغب جميعاً في الحصول على أفضل قيمة ممكنة، وهذا على الأرجح سبب ميلنا إلى التفكير والمقارنة وسؤال الآخرين حولنا للحصول على المشورة قبل إجراء أية عملية شراء.

ولا حاجة هنا للقول إن العقارات قيّمة للغاية وفي الوقت ذاته تُعَد استثماراً مُكلِفاً. لذلك، نحن بحاجة إلى بذل مجهود أكثر مما هو متوقع في عملية الشراء العادي والتأكد من أننا لم ننس أي تفصيلات، مهما كانت صغيرة، حتى نتمكن في النهاية من اتخاذ القرار الصحيح، وبناء وحماية وتعزيز ثرواتنا من الاستثمار.

فما السبب وراء ذلك يا تُرى؟ سأشرح لكم.

إن الكتيبات الدعائية والعبارات التسويقية وإعلانات المبيعات والتحليلات المتلاعب بها وغيرها من المبيعات الواعدة ووسائل الإقناع التي يتّبعها المسوّقون، من شأنها أن تقود إلى اتخاذ قرارات غير موفقة أو غير صحيحة.

جيمعنا يعلم أن ما يظهر على السطح لا يعبّر بالضرورة عن الصورة الكاملة بشكل صحيح. لذلك يجب الإلمام بالتفصيلات وعدم تجاهلها مهما كانت صغيرة، هو أمر غاية في الأهمية؛ فلا أحد يرغب في ارتكاب أخطاء، خاصة عند النظر إلى تكلفة العقارات وقيمتها.

في هذا الفصل، سوف أتشارك معك طريقة عملية وفعالة وبسيطة ستمكنك من تحديد القيمة التي يوفرها لك أي عقار.

العناصر الرئيسة لكل قرار خاص بالاستثمار

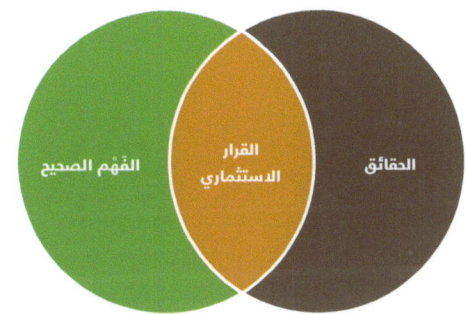

الحقائق والفَهْم الصحيح

الحقائق تشكّل العنصر الأول الذي يمكن كتابته في قائمة خاصة، ويشمل المعلومات الأساسية، مثل المساحة والسعر والمساحة القابلة للتأجير والإطلالة وما إلى ذلك. وغالباً ما تكون المعلومات ذاتها التي نشاهدها في جميع الكتيبات وإعلانات العقارات. ومع ذلك لا يمكننا اتخاذ قرارات دقيقة على أساس هذه الحقائق فقط، وهنا يأتي دور العنصر الثاني.

ومن الأهمية بمكان، التعمق في فَهْم مزايا وفوائد المنتج، مقارنة بمنتجات أخرى مماثلة، مع الوضع في الاعتبار الأساسيات الكلية والجزئية للسوق. لتحقيق هذا الفَهْم، توصلت إلى عملية بسيطة وفي الوقت نفسه دقيقة وواقعية وفعالة، وأُطلِق عليها اسم «المقارنة والتحليل والتقييم والقرار» (CAAD).

غني عن القول إن اتخاذ القرار عملية مهمة للغاية. لذلك، أقوم بتطبيق «المقارنة والتحليل والتقييم والقرار» (CAAD) على كل مشروع قبل أن أتخذ أي قرار، سواء كان على صعيد الاستثمار الشخصي، أو عن طريق مؤسسة ما، كذلك قبل مشاركة وتقديم أية نصائح للمتعاملين الراغبين بالاستثمار.

والآن، سوف أتطرق إلى عملية «المقارنة والتحليل والتقييم والقرار» بالتفصيل، وأشرح كيف يمكنك تطبيقها على استثماراتك الخاصة. كما أنني سأتناول أيضاً، نموذجاً أو تطبيقاً معيناً يمكنك استخدامه بنفسك سواء كنت مستثمراً عقارياً خبيراً، أو ببساطة مجرد مشترٍ. في كلتا الحالتين، فإنك لا تزال ترغب في الحصول على أفضل قيمة ممكنة لكل فلس تُنْفِقُه.

بادئ ذي بدء، عليك ألا تنسى أن الجانب العاطفي لاتخاذ قرار الشراء هو أحد العوامل التي تجعل المُسْتَثمِرين عُرْضَة للمخاطر في كثير من

الأحيان؛ لكن كيف؟ بكل بساطة، بسبب تشتت انتباههم وابتعادهم عن الحقائق والأرقام التي أوضحنا مدى أهميتها الفائقة. ليس ذلك فحسب، بل إنهم يتأثرون بالحملات التسويقية التي تروّج لـ «أسلوب حياة سعيد»، والتي قد تعكس أو لا تعكس الواقع.

وسواء كنت تشتري عقاراً للعيش فيه أو لاستثماره، عليك في كلتا الحالتين اتباع العملية نفسها التي تستند إلى تحليل الأرقام والحقائق والإلمام بأسس السوق، مثل التوجهات الشائعة للسوق والبيانات وما إلى ذلك. ويبقى الاختلاف بين المشترين في تفضيلاتهم الرئيسة؛ فالمستخدمون النهائيون (الأشخاص الذين يشترون منزلًا للعيش فيه) يعمدون أولاً إلى مقارنة عدد محدود من المشاريع التي تتوافق مع متطلباتهم المعيشية، لتحديدالمشروع الذي يوفر أفضل قيمة لقاء أموالهم.

في غضون ذلك، غالباً ما يركز المُستَثمِرون على الأرقام والفائدة التجارية فقط من دون أي تمييز أو تحديد تفضيلات للمواقع أو التصميمات أو مجموعة أخرى من المعايير.

وأستعرض فيما يلي، الطريقة المثلى لفحص مجموعة من أهم الميزات والفوائد من خلال معايير عقلانية وغير متحيزة للوصول إلى نتائج قابلة للقياس الكمي وقرار الاستثمار الصحيح.

عملية المقارنة والتحليل والتقييم والقرار (CAAD)

هذه العملية تتكون من خطوتين رئيستين:

الأولى هي المقارنة؛ من شأن جدول المقارنة في الصفحة التالية أن يُمَكِّنك من التعرف إلى كيفية قياس المزايا والفوائد في أحد المشاريع ومقارنته مع مشروع آخر أو أكثر كل هذه الحقائق المذكورة ستمنحك فَهْماً شاملاً وواضحاً للقيمة التي ستحصل عليها من كل مشروع.

والخطوة الثانية هي التحليل والتقييم والقرار؛ فتحليل كل مشروع يُمَكِّنك من تقييم المشاريع وتحديد أيٍّ منها يوفر لك أفضل قيمة في ضوء احتياجاتك وتفضيلاتك، حتى تتمكن من اتخاذ القرار الاستثماري السليم والصحيح.

الجدول الثاني يستخدم أسماءً وأرقاماً نموذجية بوصفها أمثلة؛ الأكثر أهمية هنا هو الانتباه إلى العملية نفسها التي ستتم مناقشتها بمزيد من التفصيل لاحقاً.

قيمة العقارات تُقاس بالبوصة، وليس المقصود هنا البوصة بوصفها وحدة قياس وحسب، وإنما تعني الاهتمام بجميع التفاصيل الأخرى مهما كانت صغيرة، من إطلالات متميزة عبر النوافذ إلى الابتكار في التصميم الداخلي وجودة المواد المستخدمة.

جدول المقارنة

معايير المقارنة لـ XXX شقة / فيلا	المشروع 1	المشروع 2	المشروع 3
سعر القدم المربعة للوحدة الأكثر جاذبية			
سعر القدم المربعة للوحدة الأقل جاذبية			
إجمالي سعر الوحدة الأكثر جاذبية			
إجمالي سعر الوحدة الأقل جاذبية			
إجمالي مساحة الوحدة			
مساحة الشرفة			
المساحة الداخلية			
العرض والطلب			
الوصول المباشر إلى الشاطئ / المترو / المركز التجاري.. إلخ.			
سبب التفضيل عن الخيارات الأخرى			
البيانات والإحصاءات			
رسوم الخدمة السنوية			
الإيجار السنوي المتوقع			
أخرى (مستأجرة، جاهزة، الوقت المتبقي لاكتمالها، مواد التطوير وجودتها.. إلخ.			

معايير المقارنة	ذا ريزيدنس	أولد تاون	سيتي ووك
سعر القدم المربعة للوحدة الأكثر جاذبية (عرض وتخطيط)	3,000 – 3,300 درهم	2,500 – 2,800 درهم	1,900 – 2,200 درهم
سعر القدم المربعة للوحدة الأقل جاذبية (عرض وتخطيط)	1,800 – 2,000 درهم	1,600 – 1,800 درهم	1,500 – 1,700 درهم
العرض والطلب (للمباني المرتبطة)	مبانٍ حديثة شاهقة الارتفاع – طلب قوي مقابل عرض قوي.	على الطراز المغربي، نوافذ صغيرة وضوء طبيعي أقل. قلة العرض مقابل انخفاض الطلب. (سعر تاريخي منخفض، مقارنة مع مشاريع داون تاون الأخرى).	مشاريع حديثة بارتفاعات منخفضة – العرض محدود للغاية مقابل طلب مرتفع. (الارتفاع المنخفض الوحيد في موقع متميز بدبي، وأول مشروع يعرض التملك الحر في منطقة جميرا).
كثافة المجمّع الرئيس	جزء من منطقة داون تاون التي تتكون مما يزيد على 6000 شقة مماثلة جاهزة، والمزيد سيكون متاحاً في المستقبل	على الرغم من أنه مشروع منخفض الارتفاع في منطقة داون تاون، إلا أن موقعه لا يزال متميزاً في مجمّع رئيس يتكون مما يزيد على 7000 وحدة	جزء من فكرة فريدة. 34 مبنى حديثاً منخفض الارتفاع، يتكون من 1700 شقة فقط، مع احتمال ضعيف لتكرار فكرته.
الصيانة المستمرة الجودة والإتقان سمعة المطور	الأفضل في دبي	الأفضل في دبي	الأفضل في دبي ويمثل الصورة المستقبلية للدولة.
تشطيب المنتج (التقييم من 10) «ضمن فئة الشقق نفسها والنطاق السعري نفسه»	9 من أصل 10 (على حسب المبنى)	7 من أصل 10	8 من أصل 10
الموقع وسهولة الوصول	داون تاون؛ يسهل الوصول من وإلى برج خليفة ونافورة دبي ودبي مول.	داون تاون؛ يسهل الوصول إلى بوليفارد محمد بن راشد ودبي مول والخليج التجاري	جميرا؛ يسهل الوصول إلى منطقة داون تاون دبي بشكل عام، وفندق فور سيزونز وشاطئ لا مير وبوكس بارك وفندق بولغري ونيكي بيتش.
ارتفاع السعر المتوقع	مكتمل - ويتقلب مع مؤشر السوق	مكتمل – ويتقلب مع مؤشر السوق	عند اكتمال المشروع، والانتهاء من محال البيع بالتجزئة ووجهات الترفيه، من شأن الأسعار أن ترتفع بشكل أكبر.
عمر المشروع	9 سنوات	10 سنوات	علامة تجارية جديدة (المُستثمر لا يدفع رسوماً إضافية والمستخدم النهائي هو أول ساكن).
خطة الدفع والتمويل	لا توجد خطة دفع – إمكانية الرهن العقاري.	لا توجد خطة دفع – إمكانية الرهن العقاري	خطة الدفع بعد التسليم على مدى 24 شهراً بتمويل مدعوم من قِبَل جميع مصارف دبي.
المجمّع الرئيس	وجهة سياحية شهيرة.	وجهة سياحية شهيرة.	مجمّع عالمي فريد بأفكار يتم تطبيقها للمرة الأولى

من الجدول السابق، يمكن أن نستنتج ما يلي:

متوسط الأسعار في منطقة سيتي ووك أقل بنسبة 22 في المائة، مقارنة بمتوسط السعر في منطقة داون تاون دبي.

الكثافة العمرانية في منطقة سيتي ووك أقل بنسبة 73 في المائة، مقارنة بمنطقة داون تاون دبي.

زيادة الأسعار في منطقة سيتي ووك مضمونة، في حين لا يمكن تأكيد الأمر ذاته بالنسبة لمنطقة داون تاون دبي.

الطلب على منطقة سيتي ووك مرتفع بشكل غير متوقع، مقارنة بالعرض المستمر في منطقة داون تاون دبي.

سهولة الوصول إلى منطقة سيتي ووك، مقارنة بمنطقة داون تاون دبي.

منطقة سيتي ووك أحدث بعشر سنوات من منطقة داون تاون دبي.

الشكل 15: مثال على جدول المقارنة يُظهر المشاريع ومعايير المقارنة والمعلومات أو البيانات، فضلًا عن الاستنتاجات المستمدة من هذا الجدول.

كلما قرأت أكثر زادت معرفتك، وستتعلم كيفية تطبيق هذه العملية على أي مشروع في أي سوق. في البداية، قد يتطلب الأمر قليلاً من التركيز، لكن بعد فترة وجيزة ستبدو العملية منطقية للغاية، وسهلة الاستخدام بعد فَهْمِك الكامل لها.

كيفية تطبيق عملية المقارنة والتحليل والتقييم والقرار (CAAD)

الخطوة الأولى: المقارنة

يتكون جدول المقارنة من ثلاثة عناصر رئيسة:

- المشاريع
- معايير المقارنة
- المعلومات أو البيانات

المشاريع

إليك كيفية اختيار المشاريع التي تريد تضمينها في جدول المقارنة الخاص بك. لنفترض أنك أبديت اهتمامك بالمشروع «س»، فكّر في مشروع أو اثنين أو حتى ثلاثة مشاريع أخرى أكثر تنافسية وقابلة للمقارنة، قد تكون مهتماً بها لكونها تقدم القيمة نفسها تقريباً، ثم اسأل نفسك:

- إذا لم يعد المشروع «س» متاحاً، أو لم يكن موجوداً؛ فما مشروعك «ص» التالي؟
- وإذا لم يكن المشروع «ص» موجوداً؛ فما مشروعك «ز» التالي؟
- وإذا كانت ميزانيتك قليلة؛ فما المشاريع الأخرى التي سوف تعتمدها؟
- وإذا كانت ميزانيتك مرتفعة، ما المشاريع الأخرى التي سوف تعتمدها؟

معايير المقارنة

مجموعة المعايير التي ستستخدمها للتحقق من القيمة التي يقدمها كل مشروع. على سبيل المثال، إذا كنّا ننظر إلى السعر للقدم المربعة، فأي من المشاريع الثلاثة يوفّر أفضل سعر. وإذا نظرنا إلى إجمالي السعر، أي من المشاريع يقدم أفضل إجمالي تكلفة، وما إلى ذلك. وبغرض الوصول إلى نتائج صحيحة ودقيقة، عليك التأكد من عدم تفويت أي من المعلومات المهمة في جدول المقارنة الخاص بك.

إذن السؤال الذي يطرح نفسه هنا، كيف يمكن الوصول إلى المجموعة الصحيحة من المعايير؟ في الواقع، لا توجد قواعد محددة، ولكن ثمة نقطتان تساعدانك على عدم الانحياز لمشروع ضد آخر:

- معايير المقارنة الأكثر شيوعاً؛
- أسلوب التفكير الذي تحتاج إلى اتباعه.

مجموعة معايير المقارنة الأكثر شيوعاً تشمل ما يلي:

1 - الجوانب الأساسية	2 - الجوانب التي تجعل المشروع متفوقاً على غيره من المشاريع الأخرى المماثلة	3 - الجوانب التي من الممكن أن تُشكّل خطورة وتُلحِق ضرراً

أسلوب التفكير الذي تحتاج إلى اتباعه، والذي سيساعدك على مقارنة أي مجمّع رئيس بآخر، أو مشروع بآخر، أو حتى وحدة عقارية معينة بأخرى في المشروع نفسه أو في مشاريع مختلفة.

فيما يلي بعض النصائح حول أسلوب التفكير الذي أعتقد أنه سيساعدك على تحديد معايير خاصة بك، بناءً على طبيعة مقارنتك بين الأصول التي تختار. ستحتاج إلى النظر في الأسئلة التالية في ضوء ثلاثة مشاريع، أو أكثر التي تفكر في مقارنتها:

- ما السمات الرئيسة؟
- ما الفوائد الرئيسة؟
- ما أهم الإيجابيات والسلبيات؟
- ما عوامل المفاضلة أو المزايا الرئيسة لكل مشروع؟
- ما أسباب حب أو كره المستخدم النهائي للمشروع، أو الوحدة العقارية؟
- يمكن أيضاً، تضمين معايير بناءً على:
  - عدد الوحدات المباعة في السوق ضمن فترة زمنية معينة؛

— الفرق بين السعر الحالي والسعر الأصلي للعقارات في الوقت الذي تم بيعها فيه من قِبَل المطور؛

— إجمالي عدد العقارات المتاحة في كل مشروع.

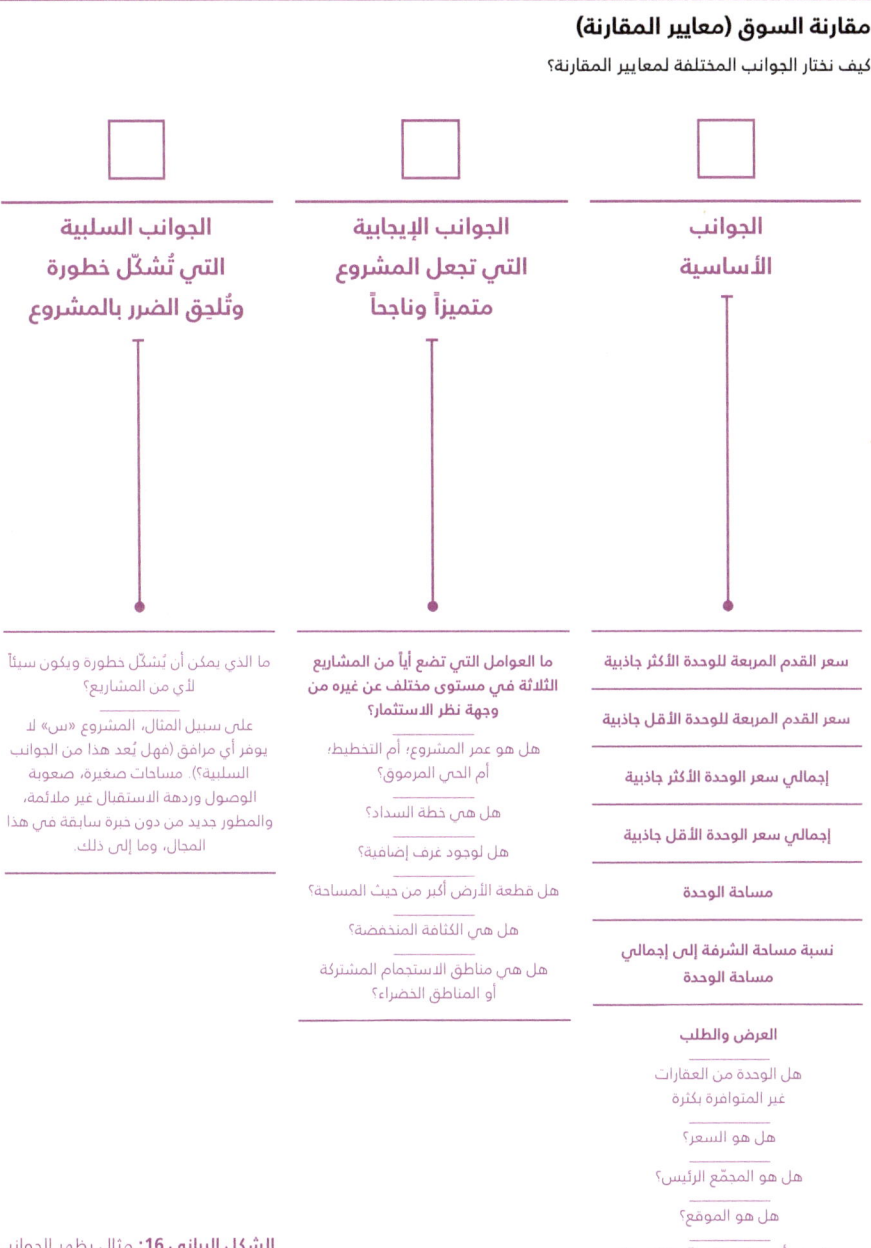

مقارنة السوق (معايير المقارنة)

كيف نختار الجوانب المختلفة لمعايير المقارنة؟

الجوانب الأساسية

سعر القدم المربعة للوحدة الأكثر جاذبية

سعر القدم المربعة للوحدة الأقل جاذبية

إجمالي سعر الوحدة الأكثر جاذبية

إجمالي سعر الوحدة الأقل جاذبية

مساحة الوحدة

نسبة مساحة الشرفة إلى إجمالي مساحة الوحدة

العرض والطلب

هل الوحدة من العقارات غير المتوافرة بكثرة

هل هو السعر؟

هل هو المجمّع الرئيس؟

هل هو الموقع؟

هل هو أحد عناصر المجمّع الرئيس؟

الجوانب الإيجابية التي تجعل المشروع متميزاً وناجحاً

ما العوامل التي تضع أياً من المشاريع الثلاثة في مستوى مختلف عن غيره من وجهة نظر الاستثمار؟

هل هو عمر المشروع؛ أم التخطيط؛ أم الحي المرموق؟

هل هي خطة السداد؟

هل لوجود غرف إضافية؟

هل قطعة الأرض أكبر من حيث المساحة؟

هل هي الكثافة المنخفضة؟

هل هي مناطق الاستخدام المشتركة أو المناطق الخضراء؟

الجوانب السلبية التي تُشكّل خطورة وتُلحِق الضرر بالمشروع

ما الذي يمكن أن يُشكّل خطورة ويكون سيئاً لأي من المشاريع؟

على سبيل المثال، المشروع «س» لا يوفر أي مرافق (فهل يُعد هذا من الجوانب السلبية؟). مساحات صغيرة، صعوبة الوصول وردهة الاستقبال غير ملائمة، والمطور جديد من دون خبرة سابقة في هذا المجال، وما إلى ذلك.

الشكل البياني 16: مثال يظهر الجوانب الأكثر شيوعاً لمعايير المقارنة.

إن الإجابة عن الأسئلة أعلاه ستمكّنك من إنشاء وتحديد مجموعة مناسبة من المعايير التي يمكن استخدامها بعد ذلك لتقييم مشاريع أخرى مماثلة.

المعلومات أو البيانات

بعد الشرح باستفاضة عن أولى عناصر جدول المقارنة - مقارنة المشاريع والمعايير المستخدمة للمقارنة - ننتقل إلى العنصر الثالث؛ ألا وهو المعلومات المطلوبة التي تحتاج لاستكمالها. في واقع الأمر، كل من العنصرين الأول والثاني سيقودانك إلى الأسئلة التي تحتاج إلى الإجابة عنها للحصول على المعلومات اللازمة.

بعض هذه الأسئلة يتعلق بالسعر والآخر بالمساحة، لذلك سيسهل عليك إيجاد إجابات وافية عنها، إذ إنها في معظمها تُعد جزءاً من الحقائق التي قمنا بتدوينها للمشروع مسبقاً في هذا الفصل. ولكن ثمة أسئلة أخرى قد تتطلب منك البحث والتحدث إلى خبراء مختلفين، والاطلاع على مصادر بيانات موثوقة للسوق.

كما تتعلق بعض الأسئلة الأخرى ببيانات السوق، والتوجهات الشائعة للأسعار عبر الزمن، وعمر المشروع، وحال الوحدات العقارية وهكذا دواليك..

حتماً، تحتاج إلى زيادة التركيز، وقد يتطلب الأمر بعض الجهد الإضافي، حيث ستقوم بطرح الأسئلة نفسها على مجموعة من الخبراء، ثم تحليل الإجابات المختلفة وتحديد الإجابة الأكثر دقة. وأخيراً، تستخدم هذه المعلومات التي تم جمعها في جدول المقارنة.

* * * * *

بعد أن تطرقنا إلى العناصر الثلاثة التي تصنع جدول المقارنة، وهي: المشاريع، ومعايير المقارنة، والمعلومات أو البيانات، وبعد فَهْمِك لهذه العناصر الثلاثة بشكل صحيح واستكمالها، فإنه أصبح لديك جدول المقارنة المثالي الذي يمكنك من خلاله اكتساب رؤية شاملة عن كل مشروع تم اختباره من قِبَلك في ضوء كل المعايير التي تهمك. على سبيل المثال، إذا كنت تنظر إلى السعر لكل قدم مربعة في مشروع «س»، ستستطيع مقارنته أيضاً بالمشروعين «ص» و«ز».

بعد جمع كل هذه المعلومات معاً بالتسلسل الصحيح في صفحة واحدة، فسوف تتاح لك الفرصة لتكوين فكرة ورؤية واضحتين لكل مشروع من المشاريع التي تقوم بمقارنتها، ويظهر لك أي واحد منها يمكن أن يوفر قيمة أفضل مقابل المال الذي تم استثماره، مع الأخذ بالاعتبار المعايير الخاصة بك كافة.

الخطوة الثانية: التحليل والتقييم واتخاذ القرار

كما ذكرنا آنفاً، فإن القسم الثاني من عملية المقارنة والتحليل والتقييم والقرار (CAAD) يدور حول استخدام جدول المقارنة والاستنتاجات والتقييم للوصول إلى قرار الاستثمار الأنسب لك.

فيما يلي كيفية استخلاص النتيجة الصحيحة من التفصيلات كافة التي تم جمعها في جدول المقارنة، ويمكن تحقيق ذلك من خلال ثلاث مراحل بسيطة:

- **المقارنة:** اطلع على جدول المقارنة وادرسه بدقة.
- **التحليل:** لاحظ الفروق، هل من اختلافات كبيرة بين مشروعك الأصلي الذي اخترته والمشاريع الأخرى المشابهة من حيث المعايير التي تستخدمها؟
- **التقييم:** حدد بالأرقام كلاً من الاختلافات والفروق التي تم رصدها في المرحلتين الأولى والثانية.

قد تكشف الاختلافات أو الفروق عن نتائج إيجابية، أو سلبية حول المشروع الأصلي الذي قمت باختياره. على سبيل المثال، بالعودة إلى المرحلة الأولى، قد يوفر المشروعان الآخران مناطق ترفيهية وتسهيلات أفضل، ومع ذلك عندما تقل المرافق ومناطق الترفيه، فإن رسوم الخدمة السنوية وإجمالي تكلفة الصيانة تصبح أقل بكثير من المشاريع الأخرى. لذا، إن كنت تسعى للحصول على دخل من التأجير بتكلفة أقل، ربما سيناسبك هذا المشروع لتوفير دخل أعلى. ولهذا السبب تحتاج خلال مرحلة المقارنة الأولى إلى دراسة المعايير التي قد تكشف عن اختلافات

شديدة بين المشروع الأصلي الذي يهمك والمشاريع الأخرى في مرحلة التحليل الثانية.

مثال آخر، ربما تجد أن سعر القدم المربعة للمشروع الأصلي الذي اخترته أعلى من سعر القدم المربعة في المشروعين الآخرين، غير أنه يوفر مساحة داخلية أكبر، بينما في المشروعين الآخرين ثمة مناطق خارجية أكبر بكثير مثل الشرفة أو الحديقة، ما يبرر ارتفاع سعر القدم المربعة في المشروع الأصلي من نواحٍ كثيرة.

على نحو متصل، تُعَد مرحلة التقييم الثالثة حاسمة للغاية، من حيث تحديد الأرقام لكل الاختلافات أو الفروق التي رصدتها في المرحلة الثانية. على سبيل المثال، لنفترض أنك تقوم بالمقارنة بين فيلتين، الفيلا الأولى تصل قيمتها إلى 12 مليون والثانية بسعر 10 ملايين دولار؛ فعلى الرغم من أن كلتيهما تتسمان بالمساحة نفسها المتاحة للتأجير / مساحة البناء أو المساحة الداخلية، إلا أن الفيلا الأولى تم تشييدها على قطعة أرض تأخذ شكل الزاوية، أو قطعة أرض توفر مساحة إضافية بنحو 6 آلاف قدم مربعة.

وهكذا، يتسنّى لك ملاحظة هذا الاختلاف الكبير في المرحلة الثانية، عِوَضاً عن التسرع في الاستنتاج خلال المرحلة الأولى، وبالتالي أصبحت في المرحلة الثالثة قادراً على تحديد الفرق واختزاله إلى أرقام دقيقة بشكل أكثر عقلانية ومن دون تدخل العاطفة.

وعلى الرغم من أن سعر الفيلا الأولى يزيد على سعر الفيلا الثانية بمليونين، إلا أن الفيلا الأولى توفر 6 آلاف قدم مربعة إضافية. وعند وضع 600 دولار لكل قدم مربعة بالاعتبار، فإن إجمالي السعر لـ 6 آلاف قدم مربعة يصل إلى 3,6 ملايين دولار، ما يعني أنك لا تدفع فعلياً مليوني دولار إضافية، ولكنك تدخر 1,6 مليون على شكل 6 آلاف قدم مربعة إضافية، وفي الوقت ذاته، تحصل على منزل يتسم بموقع متميز على قطعة أرض مهمة.

لنفترض أننا نقوم بمقارنة ثلاثة مشاريع؛ المشروع الأول يخلو من حوض سباحة أو مرافق ترفيهية، لكن المشروعين الثاني والثالث يوفران ذلك، غير أنهما يفرضان رسوم خدمة على المرافق ووسائل الترفيه الإضافية.

رسوم الخدمة السنوية للمشروع الأول هي 8 دولارات للقدم المربعة فقط، في حين تصل رسوم الخدمة السنوية للمشروعين الثاني والثالث إلى 13 دولاراً للقدم المربعة، ما يعني الضعف تقريباً. لذا، ربما تقرر أنه من الأفضل لك تأجير هذه الوحدات على الرغم من قيامك بدفع رسوم

أعلى للخدمة السنوية على المشروعين الثاني والثالث، لأن هذا سوف يؤدي إلى حصولك على 50 دولاراً إضافية للقدم المربعة بوصفها دخلاً سنوياً بسبب المرافق الإضافية التي يوفرها المشروعان، كأحواض السباحة.

	المشروع 1	المشروع 2	المشروع 3
حوض سباحة	لا يوجد	يوجد	يوجد
رسوم الخدمة السنوية (التكلفة)	8.00 دولارات أميركية	13.00 دولاراً أميركياً	13.00 دولاراً أميركياً
دخل الإيجار السنوي لكل قدم مربعة	100.00 دولار أميركي	150.00 دولاراً أميركياً	150.00 دولاراً أميركياً
صافي الدخل السنوي لكل قدم مربعة	92.00 دولاراً أميركياً	137.00 دولاراً أميركياً	137.00 دولاراً أميركياً
سعر الشراء لكل قدم مربعة	800.00 دولار أميركي	900.00 دولار أميركي	900.00 دولار أميركي
إجمالي عائد الاستثمار على التأجير	%13	%17	%17
صافي عائد الاستثمار على التأجير	%12	%15	%15

الشكل البياني 17: مثال على مخطط المقارنة.

نستنتج من ذلك، أنك في المشروع الأول ستقوم بدفع 5 دولارات إضافية لكل قدم مربعة، مقارنة بالمشروعين الآخرين، لكنك ستحصل على 50 دولاراً إضافية لكل قدم مربعة باعتبارها دخلاً من التأجير. إذاً، يوفر المشروعان الثاني والثالث صافي دخل بنسبة أعلى بما يقرب من 30 في المائة، مقارنة بالمشروع الأول (15 في المائة صافي دخل للمشروعين الثاني والثالث، مقارنة بنسبة 12 في المائة فقط صافي دخل تأجير المشروع الأول).

وهكذا، تركز المرحلة الثانية على «تحليل» كل الاختلافات الكبيرة، في حين تركز المرحلة الثالثة على تحديد وتقييم الإيجابيات والسلبيات بطريقة يمكن قياسها؛ فالأرقام هي الطريقة الأمثل للوصول إلى القرار الصحيح.

ومن خلال تطبيق هذه العملية طوال فترة المقارنة، فإنك حتماً ستكون قادراً على تحديد أي من المشاريع التي تهتم بها، وبالتالي تحقيق قيمة أفضل لأموالك.

يرجى ملاحظة أن البيانات والإحصاءات المذكورة في الفصل السابق تُعَد جزءاً لا يتجزأ من عملية المقارنة والتحليل والتقييم والقرار (CAAD). لذلك، لا بد لك من مقارنة البيانات المختلفة والمعايير المتعلقة بالإحصاءات لكل مشروع من المشاريع الثلاثة ومعرفة أيّها يوفر قيمة أفضل. ولا تدع كمية المعلومات التي تم ذكرها من خلال العملية والجداول تصيبك بالذُّعر.

أعود وأكرر، إن عملية المقارنة والتحليل والتقييم والقرار (CAAD) هي مجرد نسخة كتابية ومهنية من العملية التي يتبعها معظمنا عند شراء أي منتج بطريقة ما أو أخرى؛ فمقارنة المنتجات المختلفة بهدف معرفة أيٍّ منها يقدم أفضل قيمة هي بحد ذاتها عملية مهمة في أي قرار يتم اتخاذه عند الشراء، ومن شأن عملية المقارنة والتحليل والتقييم والقرار (CAAD) تسهيل مهمتك عند التفكير في الاستثمار العقاري.

لكن؛ ثمة عوامل أخرى تسترعي الانتباه! قد تتساءل لماذا ركزت على سعر القدم المربعة للوحدات الأكثر جاذبية وسعرها للوحدات الأقل جاذبية، فضلاً عن إجمالي السعر كجزء من المعايير في جدول المقارنة. هذا ببساطة - كما ذكرت سابقاً - أنه أحياناً قد يبدو أحد المعايير جاذباً جداً، لكنه في الواقع ليس كذلك.

دعني أشرح لك من خلال هذا المثال النموذجي؛ يمكن لأي من الشرفة أو الحديقة أو المنطقة الخارجية لأية شقة، أو فيلا أو تاون هاوس أو بنتهاوس أن يؤثر بشكل كبير على السعر أو متوسط سعر القدم المربعة للمنطقة الداخلية، قد لا تلاحظ ذلك في البداية، لأنه أحياناً - ولأسباب يعلمها الجميع - يتم تحديد تكلفة بناء المنطقة الداخلية بتكلفة مضاعفة، مقارنة مع الشرفة أو الحديقة، وبالتالي يختلف سعر البيع.

قد تستهدف منطقة معينة وتجد أن متوسط السعر للقدم المربعة الواحدة يبلغ 1,500 دولار تقريباً، ثم يبرز أمامك فجأة إعلان لعقار بسعر 900 دولار للقدم المربعة في الموقع أو المشروع نفسه. قد يبدو لك أنك وجدت الصفقة المثالية التي كنت تبحث عنها، ولكن عندما تقوم بالخوض في التفاصيل فقد تجد أن أحد أسباب هذا الاختلاف الهائل وراء تقييم العقار بهذا السعر هو أنه يحتوي على شرفة، أو حديقة أكبر بكثير من المساحة الداخلية.

بشكل آخر يمكن القول إن العقار يوفر مساحة داخلية أقل بكثير، مقارنة بأية شقة عادية.

مثال آخر؛ ها أنت تبحث عن شقة بغرفة نوم واحدة بسعر 1.2 مليون دولار، ولكن في المشروع المجاور قد تجد شقة أخرى بغرفة نوم واحدة بسعر 900,000 دولار، وإذا كان أحد الأسباب الرئيسة لاختلاف السعر هو مساحة العقار، فلا بد أن مساحة الشقة التي سعرها أعلى أكبر بكثير.

عندما تتوافر هذه المعلومات كافة في تسلسل صحيح وفي جدول مقارنة واحد، يمكن تحديد وتحليل وتقييم الخيارات بشكل أكثر وضوحاً.

كل ما نحتاج إلى وضعه في الاعتبار سيكون متاحاً بسهولة، وبالتالي اتخاذ القرار السليم.

في الفصل الحادي عشر اللاحق والأخير، سنتعرف إلى أحد أهم الأمور الواجب القيام بها بوصفها جزءاً من الاستثمار العقاري، وهي القدرة على التفاوض وإتمام صفقات ناجحة ومربحة.

الفصل الحادي عشر

مهارات التفاوض وإتمام الصفقات

أبرز النقاط

- ست نصائح تساعدك على التفاوض وعقد أفضل الصفقات
  - **النصيحة الأولى: اختيار وسيط عقاري محترف**
  - **النصيحة الثانية: عوامل تُؤخذ في الاعتبار أثناء التفاوض**
    - العامل الأول: الإلمام بالأسعار
    - العامل الثاني: آلية السداد
    - العامل الثالث: الرسوم
    - العامل الرابع: المهلة الزمنية
    - العامل الخامس: الحقوق والالتزامات
    - العامل السادس: تسليم المفاتيح
    - العامل السابع: حال العقار
    - العامل الثامن: مواقف السيارات
    - العامل التاسع: بنود التقصير في السداد
    - العامل العاشر: المساءلات القانونية والظروف القاهرة
  - **النصيحة الثالثة: شراء العقارات مباشرة من المطوّرين الرئيسين**
    - خطط السداد
    - رسوم الخدمة السنوية
    - موعد اكتمال البناء
    - تاريخ تسليم المفتاح
    - مُعاينة العقار
    - مسار عملية التشطيب وجودة المواد المستخدمة
  - **النصيحة الرابعة: استكمال مراحل إتمام الصفقة وعدم إبداء التردد**
  - **النصيحة الخامسة: تحديد الشؤون القانونية**
    - لِمَ يتوجب تعيين مستشار قانوني؟
    - متى يتوجب الاستعانة بمستشار قانوني؟
    - ما مهمة المحامي؟
    - كيف يمكن للمحامي مساعدتك؟
  - **النصيحة السادسة: أمور يتوجب مراعاتها عند التفاوض وتوقيع عقود التأجير**
- الخاتمة

«الطريقة الوحيدة لاكتساب المعرفة اللازمة هي البدء في التفاوض».

- نانسي تولمن

بعد أن تعرفنا إلى كيفية تقييم وتحديد نوع العقارات التي يمكن الاستثمار فيها، ننتقل إلى أحد أهم العناصر الضرورية في أي نشاط تجاري، بما في ذلك العقارات، وهو مهارة التفاوض والقدرة على الإقناع وعقد الصفقة.

مما لا شك فيه، معظمنا يمتلك بعضاً من مهارات التفاوض الأساسية وأساليب المناورة. على سبيل المثال، عدم الكشف عن الأوراق مرة واحدة، أو إظهار الحماسة لقاء شيء ما، أو حتى إبراز العاطفة اتجاهه، فضلاً عن عدم أخذ الأمور على مَحْمَلٍ شخصي، وغيرها. ومع ذلك، فإن التفاوض بما يخص المعاملات العقارية يتطلب فَهْماً وإدراكاً أوسع، ليس فقط للآثار المباشرة للصفقة، ولكن أيضاً لمصالحك الشخصية على المدى الطويل في السوق، بما في ذلك على سبيل المثال لا الحصر، الجوانب التجارية والقانونية التي يتغاضى عنها العديد من المستثمرين باعتبارها بديهيات.

فيما يلي بعض النصائح القيّمة حول كيفية إجراء صفقة ما للظّفْرِ والفوز بها.

ست نصائح تساعدك على التفاوض وعقد أفضل الصفقات

النصيحة الأولى: اختيار وسيط عقاري محترف

أنصح بعدم التفاوض مباشرة، أو وجهاً لوجه، سواء كنت مُشترياً أو بائعاً، مالكاً للعقار أم مُستأجراً؛ فالتفاوض من خلال وسيط عقاري محترف تم اختياره بعناية وتكليفه بالعمل على تحقيق أهدافك يُعَد أفضل، لأنه في حال أقحمت نفسك في مفاوضات مباشرة قد تتأثر سلباً بما يلي:

- **ضيق الوقت الممنوح للتفكير.** أحياناً، قد تتعرض إلى ضغوط جمّة لاتخاذ قرار فوري، خاصة إذا كانت المفاوضات مع طرف يتميز بالخبرة والحِنْكة. أما بوجود وسيط محترف، فإنه يتصرف باعتباره فرداً محايداً، ويكون من السهل عليه طلب المزيد من الوقت للنظر في خياراتك.

- **عدم أخذ المسائل على صعيد شخصي.** قد يعيق الغرور عملية التفاوض عندما يجتمع طرفان قادران مالياً ومن دون صلة تربطهما، أو معرفة ببعضهما، أو أي تعاملات سابقة. تذكر أن الأمر يتعلق

ابدأ رحلتك في الاستثمار بالتعاون مع مستشار العقارات المناسب – الشريك المعرفي – للاستفادة من خبراته ومهاراته في التفاوض.

بإجراء صفقة وحسب، وليس العلاقة مع الأفراد، لذا اترك أمر التصرف لشخص محترف.

إليك أيضاً الفوائد التالية:

- **القدرة على «الاستنباط».** يلجأ الوسيط أحياناً إلى طرح أسئلة مباشرة، قد لا تكون قادراً على طرحها، فضلاً عن استنباط أو استنتاج موقف الطرف الآخر ومدى حماسته للشراء، أو البيع.

- **المرونة.** من خلال العمل مع الوسيط، فإنك تحافظ على مستوى معين من المرونة، لذلك لن تحيد عن مسارك في المفاوضات. ويمكن لمن يمثّلك أن يطلب تأجيل المفاوضات للعودة إليك لطلب استشارتك والتوصل إلى اقتراح، أو عرض بديل. وبالمثل سيتصرف الطرف الآخر إزاء الأمر.

- **الخبرة والإتقان.** من المرجح أن يحرز الوسيط المتمرّس نتائج أفضل لك، طالما شرحت له أهدافك بوضوح وكلّفته بالمُضي قُدُماً في التفاوض نيابةً عنك.

كما أشرت في الفصول السابقة إلى أنه خلال رحلة بحثك عن عقار ما، حريّ بك أن تستعين بمستشار عقاري متمرّس - شريك المعرفة - لسببين رئيسين؛ الأول لتقديم النُّصح والإرشاد خلال عملية صُنع القرار. والثاني للتفاوض نيابةً عنك للحصول على أفضل الصفقات. إن معرفته بالسوق وخبرته لا تُقدّر بثمن - لأنه من دونها - حتى أفضل المُفاوِضين قد ينتهي به الأمر إلى عقد صفقاتٍ غير مُجْدِية، وقد تؤول إلى الفشل.

النصيحة الثانية: عوامل تُؤخذ في الاعتبار أثناء التفاوض

العامل الأول: الإلمام بالأسعار

التأكد من الحصول على أفضل الأسعار من خلال ضمان استراتيجيتك في التفاوض بناءً على العوامل التالية:

- فَهْم دوافع البائع.
- فَهْم مستوى الطلب في السوق للوحدة العقارية أو المشروع، وبالتالي تحديد الإطار الزمني للتفاوض من دون المخاطرة بخسارة الصفقة لحساب مُشترٍ آخر.
- فَهْم بيانات السوق.

- فَهْم المعلومات والأرقام كافة التي تم جمعها خلال عملية المقارنة والتحليل والتقييم والقرار (CAAD).

العامل الثاني: آلية السداد

1. كيفية السداد؛ هل من طريقة مفضلة للسداد؟ كيف؟ وهل بالإمكان السداد باستخدام عملة مختلفة، أو عملة رقمية مثل «بيتكوين»، إلخ.

عند الأخذ بالاعتبار السوق، يمكن لاستبدال الجنيه الإسترليني بالدرهم الإماراتي أن يشكّل ميزة، وفي بعض الأحيان قد يُلحق الضرر بك. لذلك، فإن التفاوض وتحديد إطار زمني للقيام بالدفع عندما تكون الأسعار مناسبة لك قد يُحْدِث فرقاً حقيقياً.

2. الدفعة الأولى والضمان؛ ما المبلغ المطلوب ليكون وديعة أو تأميناً؟ ومن هو وكيل الضمان الذي سيتولى سداد الدفعة الأولى؟ وهل الدفعة مؤمّنة؟ لا بد من أن تولي هذه المسائل اهتماماً خاصاً أيضاً.

العامل الثالث: الرسوم

دفع عمولة الوسيط (السمسار) وأي رسوم أخرى؛ لا بد من معرفة من سيدفع عمولة الوسيط وأي رسوم أو مصاريف أخرى ذات صلة، إلى جانب أي مبالغ أخرى مُستحقة. من جهة أخرى. يتوجب عليك أن تكون على دراية بقواعد السوق واتباعها وفقاً لذلك.

العامل الرابع: المهلة الزمنية

تحديد المهلة الزمنية لإتمام الصفقة والسماح بالتمديد. هل تحتاج إلى تحديد إطار زمني لاستكمال المعاملة، أو السماح بتمديد العقد - في حال، لأي سبب من الأسباب - استغرق الأمر وقتاً أطول لإجراء جميع الترتيبات اللازمة لإنهاء الصفقة وإتمامها؟

العامل الخامس: الحقوق والالتزامات

حقوق الأصول والالتزامات السابقة والحالية والمستقبلية؛ بمجرد نقل الملكية إلى المُشتري الجديد يتوجب نقل جميع الحقوق والالتزامات إليه بشكل كامل، أو إبرام اتفاقية بيع وشراء حسب الأصول وتُوَقَّع من قِبَل الطرفين، حتى لا يتم طرح أسئلة، على سبيل المثال إذا تم تأجير العقار، من سيحصل على إيراد الإيجار إلى حين الانتهاء من عملية نقل الملكية؟ وما الطريقة الأنسب لذلك؟

العامل السادس: تسليم المفاتيح

تسليم المفاتيح وأية أدوات أو أجهزة أخرى للدخول. في حال لزم الأمر، تحديد إطار زمني وأفضل طريقة لتحقيق ذلك.

العامل السابع: حال العقار

حال العقار عند إتمام الصفقة. هل تقوم بعملية الشراء على أساس «على حاله»، أم يجب على البائع إجراء تعديل ما معيّن، أو تحضير العقار والتأكد من تجهيزه بشكل كامل قبل عرضه؟

العامل الثامن: مواقف السيارات

مواقف السيارات من المرافق الأساسية؛ يجب تضمين ملكية موقف السيارة مع العقار، ويتم توثيق هذا البند في العقد عند الاقتضاء، أي في حال توافر الموقف.

العامل التاسع: بنود التقصير في السداد

حالات التقصير والتعويض لكلا الطرفين؛ في حال التقصير من قِبَل المشتري أو البائع؛ يجب الإخطار بنوع التقصير واتباع مسار العمل المحدد مسبقاً والمتفق عليه. تأكد من توثيق كل الأمور ذات الصلة بطريقة واضحة ومحددة في عقد البيع والشراء قبل إتمام الصفقة.

العامل العاشر: المساءلات القانونية والظروف القاهرة

1. **الاختصاص القانوني.** في حال وجود أي تعارض قانوني، فما الإجراءات القانونية التي تم تحديدها والاتفاق عليها مُسبقاً ضمن شروط العقد، والتي يتوجب اتباعها؟

2. **الظروف القاهرة.** في حال ظهور أي ظرف طارئ أو قوة قاهرة؛ فما حقوق والتزامات الطرفين من الأمور المهمة الواجب توضيحها تعاقدياً.

إلى جانب العوامل العشرة أعلاه، هناك بعض العوامل الإضافية التي يتوجب مراعاتها أيضاً، خلال عملية التفاوض لبيع العقار:

- فَهْم الدافع وراء المُستثمِر (المُشتري)؛ لا بد من الإلمام بالدافع وراء المُشتري، ولِمَ اختار عقاراتك؟ هل يَرْزَح تحت ضغط الوقت، أم ماذا؟

- إدراك الخيارات البديلة؛ ما الخيارات البديلة (العقارات الأخرى في

السوق) المعروضة على المُستَثْمِرين (المشترين)، وكم تكلفتها وما مدى جودتها؟ وهل تناسب احتياجاتهم؟ على سبيل المثال، مُشتَرٍ يريد الانتقال قبل موعد بدء العام الدراسي. ثمة خيارات أخرى في السوق مشابهة، لكنها ستكون جاهزة فقط بعد شهرين من تاريخ بدء المدرسة، ما يمنحك الأفضلية عند بدء عملية التفاوض.

- **الاحتفاظ بدوافع البيع لنفسك:** يجب ألا تكشف عن أسبابك الخاصة التي تدفع بك للبيع، وأنصحك بشدة أن تحتفظ بها لنفسك، إذ إن الإفصاح عما يجول في خاطرك من شأنه أن يتعارض مع مصلحتك وما ترغب في تحقيقه.

النصيحة الثالثة: شراء العقارات مباشرة من المطوّرين الرئيسين

عند شراء عقار «على المخطط» بشكل مباشر من المطوّرين العقاريين؛ فأنت بذلك تكون أول مشترٍ له، وثمة فوائد عديدة لهذا النوع من الاستثمار، باعتبار أنه أحد أفضل الخيارات نظراً لسعره التنافسي، مقارنة بالعقارات الجاهزة، فضلاً عن التسهيلات التي قد تحصل عليها في عملية الشراء. وفي حال قررت بيع العقار قبل اكتماله، فإنه من المرجح أن تعرضه للبيع بسعر أعلى، غير أن المشتري الجديد يرث اتفاقية البيع والشراء ذاتها التي قمت بتوقيعها، ما يعني أن التفاوض وتوقيع عقد تم تنظيمه بشكل جيد خطوة بالغة الأهمية، سواء كان العقار قيد الإنشاء أو بعد اكتماله . فيما يلي أهم نقاط التفاوض الواجب التركيز عليها:

خطط السداد

- هل سيتم السداد دفعة واحدة، أم على أقساط عدة؟ وما مدى أهمية هذا الأمر بالنسبة لقائمة أولوياتك؟
- في حال اخترت الدفع عبر أقساط عدة، فما الغرامات والعواقب المستحقة عليك في حال التخلف عن السداد؟
- هل أنت مستعد لدفع سعر أعلى من أجل الحصول على شروط للدفع مفضلة لديك (إذا كنت تفضل خطة سداد طويلة الأجل بدلاً من الدفع مرة واحدة أو خطة دفع قصيرة الأجل)؟

رسوم الخدمة السنوية

- لا بد من الإلمام بهذه النقطة جيداً ومعرفة كم ستبلغ كلفتها.

- متى تبدأ بدفع الرسوم؟ هل ستبدأ بدفعها عند تلقيك إشعار التسليم، أو عند تسلّمك المفتاح لمُعاينة الشقة؟ وهل قام المطوّر بتعديل أي عيوب مُحتملة قد حددتها خلال فحصك للعقار؟
- ما الخدمات التي تغطيها هذه الرسوم؟

موعد اكتمال البناء

- لا بد من معرفة الوقت اللازم للانتهاء من العمليات الإنشائية وتاريخ اكتمال العقار.
- هل من تعويض يمكن الحصول عليه في حال التأخر في تسليم العقار؟

تاريخ تسليم المفتاح

- ما الموعد الذي تم الاتفاق عليه لتسلّم مفتاح العقار؟
- هل من رسوم تسترعي انتباهك؟ يجب التحقق من هذا الأمر.

مُعاينة العقار

- هل تمتلك الحق في مُعاينة العقار والاستعانة بمتخصصين للمُعاينة؟
- تحديد إطار زمني للمطوّر لتصحيح أي عيوب أو مشكلات تم تحديدها من قِبَلك.

مسار عملية التشطيب وجودة المواد المستخدمة

- الاطلاع على مسار عملية التشطيب والتحقق من جودة المواد المستخدمة في البناء وتطابقها مع المواصفات والمعايير، من خلال الاستعانة بمتخصص في فحص ومعاينه العقارات عند تسلم العقار.
- هل باستطاعة المطوّر العقاري اعتماد تغييرات على العقار من دون الحصول على موافقتك بوصفك مالكاً له أو مُسْتَثمِراً؟

النصيحة الرابعة: استكمال مراحل إتمام الصفقة وعدم إبداء التردد

تذكر.. ليس عليك أن تستغل المفاوضات لتوفير القليل من المال؛ ففي بعض الأحيان قد تتعرض لخطر خسارة جزء كبير من الربح إن كنت تحاول تحقيق أي مكاسب إضافية صغيرة، وذلك جرّاء فقدان فرصة شراء عقار مناسب بسعر جيد أو بيعه، أو حتى تأجيره بسعر مناسب.

وسواء كنت مشترياً أو بائعاً أو مالكاً للعقار، وتسنّت لك فرصة الحصول على صفقة مناسبة يمكنك من خلالها تحقيق جميع أهدافك

إن التفاوض بما يخص المعاملات العقارية يتطلب فَهْماً وإدراكاً أوسع لكل ما يتعلق مباشرة أو حصراً بصفقة معينة، وبما يتماشى أيضاً مع خططك وأهدافك المستقبلية.

الرئيسة، بادر إلى توقيع العقد وإتمام الصفقة من دون إفراط في التفكير وإبداء أي نوع من التردد؛ فالتفاوض للحصول على الحد الأدنى من الفوائد الإضافية من شأنه أن يطيل العملية، وخلال ذلك الوقت قد يتسنى للطرف الآخر الحصول على صفقة أفضل في مكان آخر. تذكّر أيضاً، أنه في حال بذلت كل ما بوسعك خلال عملية المقارنة والتحليل والتقييم والقرار (CAAD) وقمت باتباع الخطوات بشكل صحيح؛ فمن المرجح أن تعقد صفقة مُربِحة، سواء كنت مشترياً، أو بائعاً، أو حتى مالكاً للأصول العقارية.

النصيحة الخامسة: تحديد الشؤون القانونية

بمجرد الانتهاء من التفاوض حول بنود وشروط الصفقة التجارية، فإن الوقت قد حان للتأكد وضمان أن جميع هذه الشروط التي تم الاتفاق عليها تتماشى مع السياق القانوني. فيما يلي بعض الأسباب التي تبرر حاجتك لتعيين مستشار قانوني متخصص والوقت المناسب لذلك، وما الذي يمكن أن يوفره لك:

لِمَ يتوجب تعيين مستشار قانوني؟

إن الحصول على صفقة ناجحة لا يتعلق بالجوانب التجارية وحسب، وإنما يتعدى الأمر إلى الجانب القانوني الذي يُعد بالغ الأهمية. قد تكون قمت بالتفاوض بشكل ناجح، وأبديت موافقتك على أفضل سعر ممكن والشروط والأحكام المتعلقة بمعاملتك. ومع ذلك، فإن الأمر لم ينته إلى هنا.

تكمن الخطوة التالية في التحقق من الجانب القانوني للمعاملة. وعلى الرغم من أهمية هذه العملية، إلا أنها تثير ارتباك العديد من المستثمرين، لأنهم لا يملكون فَهْماً كافياً بالشؤون القانونية. أحاول باستمرار توجيه النُّصح للمُستَثمِرين بتعيين مستشار قانوني للتحقق من جميع العقود والأوراق والإجراءات الرسمية المتعلقة بالصفقة التجارية. كما أؤكد بشدة على وجوب المحافظة على التوازن الصحيح بين الجوانب التجارية والقانونية من الصفقة.

متى يتوجب الاستعانة بمستشار قانوني؟

في الظروف الطبيعية، فإن الوقت المناسب لتعيين مستشار قانوني للتحقق من معاملتك هو بعد الانتهاء من المفاوضات التجارية مع الطرف الآخر المعني، والاتفاق على الشروط والأحكام المتعلقة بالعقد، وتشمل السعر وطريقة وخطة السداد والدفع وحال العقار وما إلى ذلك. وبمجرد الانتهاء من ذلك كله، فأنت على أتم الاستعداد لتعيين محامٍ

عقاري محترف للتأكد من أن جميع الجوانب التجارية تمتثل للشروط المتفق عليها مع البائع و/ أو الوسيط والقوانين واللوائح ذات الصلة. والأهم من ذلك، التأكيد على حيازتك للكفالات والضمانات المطلوبة لحماية حقوقك وفقاً للشروط المتفق عليها في حال تخلّف الطرف الآخر عن الوفاء بالتزاماته.

ما مهمة المحامي؟

أحياناً، يجد المُسْتَثمِر العقار المناسب بكل سهولة ويُسر، ثم يعمد إلى تكليف المحامي للقيام ببقية الأعمال ذات الصلة. حتماً، تقتضي مهمة المحامي وخبرته التركيز على الجوانب القانونية، إذ قد لا يكون مناسباً للتعامل مع ترتيبات الشروط التجارية، لذلك – وبوصفك المُسْتَثمِر – تقع عليك مسؤولية إتمام الجانب التجاري من الصفقة، ثم الحصول على رأي المحامي القانوني، حيث يمكن للمحامي لفت انتباهك لأمر ما قد يضعك في مأزق أو يمثّل مشكلة مستقبلاً. بعد ذلك، الأمر منوط بك لتقرر الطريق الأمثل الذي تريد سلوكه، لأنك مسؤول مسؤولية كاملة عن قراراتك الخاصة بالاستثمار.

كيف يمكن للمحامي مساعدتك؟

فيما يلي بعض الأمثلة حول كيف يمكن للمحامي مساعدتك في ضمان البنود القانونية بعد موافقتك على الجوانب التجارية للصفقة:

1. في حال إبداء موافقتك على شراء عقار بغرض تحقيق وضمان دخلٍ من تأجيره؛ سيعمل المحامي المتخصص على التحقق من الضامن والتأكد من ملاءته المالية وما إلى ذلك من بنود أخرى ذات صلة مهمة؛ فإذا كنت قد اتفقت مع البائع على ضمان تحقيق دخلٍ من تأجير العقار، لكن اتضح لاحقاً أنه لا يستطيع أن يفي بوعوده؛ فعندئذٍ لا قيمة للضمان.

2. في حال قررت شراء عقار مؤجّر وعقدت اتفاقاً مع البائع على تحويل إيراد التأجير إليك في بداية تاريخ تحويل العقار باسمك، فإن المحامي سيعمد للتحقق من عقد التأجير مع المستأجر والالتزامات والحقوق المستقبلية المنصوص عليها في العقد، ثم يقوم بعد ذلك بإبلاغك بأي مخاوف، على سبيل المثال:

- هل تم دفع قيمة الإيجار للمالك أو البائع بالكامل؟ وإذا تم الدفع بالفعل، يجب على البائع إعادة دفع قيمة الإيجار المدفوع له ابتداء من تاريخ نقل الملكية باسم المالك الجديد.

- هل من شيكات مؤجلة الدفع تحت اسم المالك السابق؟ كيف ومتى يمكن استبدال تلك الشيكات بأخرى وإصدار شيكات جديدة باسم المالك الجديد أو المُشتري؟
- أي مخاوف أخرى قد تُلفت نظر المحامي ويعمل على تحديدها.

3. **في حال قررت شراء عقار قيد الإنشاء**، فإن المحامي سيعمد إلى التحقق من جوانب عدة، بناء على ما يلي:
- الإطار الزمني لتسليم العقار.
- ما مراحل الإنجاز المرتبطة بخطة السداد التي تم الاتفاق عليها؟
- ما التزامات المطوّر في حال تأخر في التسليم، أو لم يوفِ بالشروط المتفق عليها؟
- ما حقوق المطوّر في حال تأخرك عن سداد الدفعات المستحقة؟

هنالك أيضاً، سيناريوهات محتملة أخرى لا حصر لها عندما تقوم بإجراء صفقة عقارية، الأمر الذي يُعَد مهماً ويستدعي تعيين محامٍ متخصص للتحقق من الاتفاقيات والعقود الخاصة بك.

النصيحة السادسة: أمور يتوجب مراعاتها عند التفاوض وتوقيع عقود التأجير

فيما يلي بعض النقاط التي يجب التفاوض بشأنها إذا كنت مالكاً لعقار ما، وتنوي تأجيره:

- تحديد قيمة التأجير
- بيان طريقة الدفع
- تحديد الدفعة الأولى ووديعة التأمين
- الإفصاح عن أي رسوم ذات صلة
- سجل حساب المنافع العامة
- الصيانة الوقائية
- السماح لك بدخول العقار بشكل دوري
- أعمال الصيانة
- إدارة الممتلكات
- تجديد العقد
- إشعار بإنهاء العقد
- تحديد الغرامات في حال التخلف عن السداد
- تسليم المفاتيح أو أدوات وأجهزة الدخول الأخرى

- مُعاينة العقار والتأكد منه عند تسليم المفتاح (نموذج)
- ضمان مُلكية مواقف للسيارات
- تحديد ممثل قانوني في منطقة السلطة القضائية
- الظروف القهرية

*****

الخلاصة

من أجل الاستفادة الكاملة من هذه المعلومات أثناء التفاوض بشأن معاملة أو صفقة ما لاحقة، تأكد من إنشاء قائمة للتحقق خاصة بك تعكس النصائح الست، وحسب ما تراه مناسباً.

اختر البنود التي تتوافق مع الظروف المحيطة بالصفقة، ثم قم بتحديدها واحدة تلو الأخرى. وبعد الانتهاء من ذلك، ستكون قد أبرمت أفضل صفقة ممكنة، إلى جانب حماية جميع حقوقك قصيرة وطويلة الأجل بشكل قانوني.

أخيراً وليس آخراً، تأكد من حصولك على أقصى استفادة من الصفقة، لكن في الوقت ذاته تذكّر القول المأثور: «لا تنفق دولاراً لتوفير عشرة سنتات». وينطبق هذا القول أيضاً، على الوقت والجهد اللذين تستثمرهما في أية عملية للتفاوض.

الخاتمة

ما الخطوة التالية؟

الاستفادة من معرفتك في تحقيق أحلامك

أشكرك أيها القارئ على الوقت الذي قضيته في مطالعة هذا الكتاب، والذي جاء بعد تفكير عميق. ولعلّي لم أغفل ذكر أية فكرة، أو طرح موضوع قد تحتاج إليه للمُضي قُدُماً ودخول عالم الاستثمار وتحقيق النجاح، وذلك سواء كان لديك خبرة فعلية في سوق العقار، أو كنت ممن لا يمتلك أية خبرة في هذا المجال على الإطلاق.

كما أود أن أذكر أنني بذلت قُصارى جهدي للمساعدة في إرشادك خلال كل خطوة، وتحديد علامات الخطر لتجنّبها، وتوضيح ماهية الفرص المناسبة واقتناصها، والتفاوض بنجاح لتحقيق أهدافك والظّفر بالاستثمارات المربحة.

الفكرة التي أرغب في الإشارة إليها، وبغض النظر عن أهمية متابعتنا واطلاعنا على الحقائق والإحصاءات وأساسيات وعلم شراء العقارات، تكمن في أنه من الطبيعي ألا نتمكن من تجريد أنفسنا من العواطف والمشاعر. وطالما أن هذه الجوانب ليست من محفزاتك الرئيسة، وبقي جوهر عملية اتخاذ القرار مُرتكزاً على اتباع الأسس الصحيحة، فإنك حتماً ستكون قادراً على تقليل المخاطر وزيادة فرص الربح.

مع التدريب اللازم والمستمر يأتي الإتقان..

من الأهمية بمكان معرفة أنه توجد دائماً نقطة بداية؛ ومن الآن فصاعداً، فإن «الخطوات المدروسة» ستجعلك مثالياً. يجب عليك التمييز بين مفهومي «الخطوات المدروسة» و«الممارسة» التي يمكن تعريفها على أنها تكرار عمل أو نشاط معين حتى يصبح مهارة وعادة تلقائية. ومع ذلك، فالخطوات المدروسة هي الممارسة مع التخطيط والاهتمام بأدق التفاصيل باستمرار والطموح نحو التحسين بشكل دائم مع إدراك واضح للعناصر التي تقدم أفضل النتائج والمعرفة بكيفية الاستمرار في تعزيزها.

ورغم واقع تجربتي الخاصة بالاستثمار، وتقديم المشورة وتوجيه المستثمرين، فضلاً عن أنه أتيحت لي فرصة تدريب الآلاف من وكلاء

العقارات، إلا أنني تمكنت من جني المزيد من الفوائد، كلما نفّذت والتزمت بالإرشادات التي أشرت إليها في هذا الكتاب.

جدير بالذكر أنه إذا قمت باتباع البنود والإرشادات التي قمت بشرحها منذ البداية، فإنك حتماً ستحدّ من المخاطر التي قد تواجهها. وبمرور الوقت، ستتمكن من تحقيق أفضل النتائج.

ومع تقدمك وتطورك، حاول أن تعزز ثقتك في اتخاذ القرارات، من خلال اتباعك لإرشادات الاستثمار التي ذكرتها في طيات هذا الكتاب.

إنها عملية ليست معقدة، والخطوات الأساسية التي أشرت إليها تنطبق على الأسواق كافة في جميع أنحاء العالم. وكما ذكرت، فهي تشبه أية عملية شراء تقوم بها على أساس يومي - مع وجود العامل الإضافي المتمثل في البحث عن المزيد من البيانات والنتائج لقراءتها وفَهْمها وتحليلها قبل إجراء أية عملية شراء. ومع مرور الوقت، ستبدأ في الشعور بالراحة والوثوق بقراراتك حِيال الاستثمار في العقارات، كلما اتبعت الإجراءات الصحيحة التي تمكنك من اتخاذ القرار السليم.

بالطبع، اتباع هذا النهج لا يعني أن تقوم بالاستثمار في عقار لا يلقى قبولاً لديك، أنت بحاجة فقط إلى تحديد الأفضل من وجهة نظرك، والوصول إلى النتائج الحاسمة والموضحة في هذا الكتاب للتأكد من أنك اتخذت القرار الصحيح.

النجاح في سوق العقارات

أشجعك على أن تكون من بين أفضل 1% من الأشخاص الناجحين؛ أولئك الذين يستغلون المعرفة التي اكتسبوها ويضعونها قيد التنفيذ.

ولمساعدتك في مسيرتك، أود أن أجدد التزامي بتزويدك بالموارد المطلوبة والدعم الذي تحتاج، بهدف الحصول على فرصتك والعثور على مشاريع الاستثمار العقاري الأكثر ربحية. فلا تتردد في التواصل معي من خلال موقع الشركة الإلكتروني، أو عبر منصات وسائل التواصل الاجتماعي (العناوين في الصفحة التالية).

وبإمكانك أيضاً زيارة موقعنا الإلكتروني للوصول إلى مجموعة واسعة من الفرص العقارية.

كما يمكنك العثور أيضاً، على رابط إلكتروني لكتيب الشركة الخاص الذي يتضمن مجموعة واسعة من الخدمات، بما في ذلك المبيعات والتأجير وإدارة الممتلكات، والمعاينة الهندسية والتفتيش، وإدارة التطوير العقاري والاستشارات الاستثمارية، ومنازل العطلات، والتصميم الداخلي، وقروض الرهن العقاري للعقارات الفردية والمؤسسية للمستثمرين ومشتري

المنازل. كما يمكن الاطلاع على الإعلانات الخاصة بأكاديميتنا العقارية المعتمدة الجديدة.

أتطلع لمعرفة تفاصيل رحلة نجاحك في عالم الاستثمار العقاري.

> لا تتردد في الاتصال بي للحصول على النصح، أو التوجيه الذي قد تحتاج إليه، عن طريق:
>
> - إنستغرام: @firas_al_msaddi
> - تويتر: @ceofamprop
> - تيك توك: @firasalmsaddi
> - لينكد إن: Firas Al Msaddi
> - موقع الشركة: www.famproperties.com

بدء حياة مهنية في مجال الاستثمار العقاري

هل تفكر في الاستثمار العقاري بوصفه مهنة محتملة وحياة مهنية طويلة الأجل؟ لمساعدتك في هذا الأمر، إليك بعض الإرشادات البسيطة للبدء ووضعك على الطريق الصحيح لمستقبل ناجح.

اعتبارات أساسية للتخطيط..

في بادئ الأمر إليك أبسط مبدأ لكسب المال؛ كنا قد تحدثنا عن أهمية الممارسة واكتساب الخبرة، إذ إن خبراتك العملية في كثير من الأحيان تحدد مدى نجاحك في هذا المجال، ويتم قياس ذلك بمقدار الأموال التي تجنيها، لأن الشركات الناجحة فقط هي التي تجني المال.

وبينما يتمحور كل شيء حول الخبرة التي يمكن تعريفها بعبارة بسيطة: «المعرفة التي يتم تطبيقها»، فإن أفضل المؤسسات التي يمكن الانضمام إليها هي تلك التي تمتلك نظاماً شاملاً للتعلم والتطوير، بداية من تعريف الموظفين الجدد بالعمل، إلى جانب توفير المعرفة المستمرة والمنصات الفعالة للتدريب المستمر. لذلك، أنت بحاجة للانضمام إلى شركة أو مؤسسة طموحة تقدم فرصاً جادة للتطور الشخصي والوظيفي، إذ لن يمكنك التطور في أية جهة أخرى - حتى لو كانت ناجحة - إذا كانت تفتقد للطموح وفرص التطور.

اكتساب المعرفة ← شارك ومارس
المعرفة = خبرة

أفضل أنواع المعرفة ← ممارسة
العمل والمعرفة أكثر = خبرة أفضل

دائماً يحصل ذوو الخبرة الأكثر على أفضل النتائج ويتفوقون على منافسيهم في العمل.

أولئك الذين يثبتون أنهم الأفضل في العمل، يحصدون أكبر الفوائد.

وفي حال كنت تسعى وراء وظيفة الوكيل العقاري، فإن الاستثمار الأول والأكثر أهمية بالنسبة لك يكمن في تكريس وقتك وجهدك في البحث عن الشركة أو المؤسسة المناسبة؛ الجهة التي تقدم لك فرصة حقيقية للنمو.

اعتبارات خاصة بالجهة التي انتقيتها للعمل فيها..

- المتعامل محور اهتمام الشركة؛ حتى تحقق أية شركة طموحها في توفير تجربة ممتازة للمتعاملين، يجب أن تبدأ بمعاملة موظفيها بشكل صحيح وتوفير كل فرص التدريب والمعرفة والخبرة المطلوبة والموارد الفعالة لهم، فضلاً عن تزويد الموظفين بدخل عادل وتوفير فرص لتعزيز نموهم في العمل. تحقق من آراء المتعاملين على محرك غوغل والمواقع الأخرى التي تسمح بالتقييم. إن مستقبل الأعمال يقتصر على الشركات أو المؤسسات التي تركّز على المتعاملين. وبوصفك موظفاً، لا تلتفت للجهات التي لا تولي المتعامل اهتمامها.

- بيئة مناسبة للنمو والتطور. إضافة إلى توفير مصادر مناسبة لتلقي التدريب اللازم واكتساب المعرفة، مع وجود منصة عملية مواتية تمكّن الموظفين من تنفيذ ما يتم تعلمه في مهامهم اليومية.

- الاعتراف بالمسؤولية في توفير الدعم للموظف؛ من مرحلة الإعداد وحتى ينجح الموظف في العمل لوحده في وجود الحد الأدنى من الإشراف.

- أن تكون مستقرة وراسخة مع وجود مجلس إداري قوي وسجل إنجازات حافل؛ في هذا النوع من المؤسسات، بإمكانك اكتساب الخبرة المطلوبة لبناء مستقبل مهني يدوم مدى الحياة، وتطوير حياتك للأفضل من خلال تحسين درجة رضاك الوظيفي. كما أؤكد هنا على أهمية مشاركة المعرفة والخبرة التي تضفي على معرفة الآخرين قيمة أكبر، وأنني شديد الحرص على تطبيق ذلك، خاصة مع فريق العمل لدي في الشركة.

ولكوني أحد رجال الأعمال، فأنا أهتم بالنتائج ولي سجل حافل في تطوير أعمال ناجحة من الصفر. أنا على قناعة بأن هذه الصفة تُعد واحدة من أهم الصفات التي يجب أن يتمتع بها القائد.

علاوة على ذلك، أعتقد أن الكثير من الموظفين قد يقعون في كثير من الأحيان ضحايا قراراتهم الخاصة بالانضمام إلى أو البقاء مع مؤسسات

لا تناسبهم، مع أن الأولى بهم أن يبادروا إلى التغيير وعدم البقاء، والسبب في ذلك يرجع لكون المؤسسة:

- لا تشاركهم قيمها.
- لا تستثمر في قادة ومديرين متمكنين من مهامهم، وعِوَضاً عن ذلك لديها قادة يفشلون في تحفيز وإلهام الموظفين ويعجزون عن قيادتهم، وبالتالي لا تساعد فريقها على التطور وتحقيق أهدافه المهنية.
- لا تمتلك هيكلاً مؤسسياً صحيحاً، لذلك فإن خطوات التقدم الوظيفي غير واضحة.
- قلّما تستثمر في الخطط والمبادرات طويلة المدى، وبالتالي الافتقار إلى الأمان الوظيفي.
- لا تدرك مدى أهمية تدريب الموظف وتطوير مهاراته.
- لا تستثمر في تطوير استراتيجيتها لمواجهة التحديات الناجمة عن الأسواق المتغيرة باستمرار.

كيفية اختيار الشركة أو المؤسسة المناسبة..

ابحث وابذل جهدك، وقارن بين الشركات أو المؤسسات المختلفة في ضوء معاييرك المثالية، وماذا وأين تريد الوصول في حياتك المهنية. إن أخذ الحيطة والحذر عند اختيار الجهة المناسبة للانضمام والعمل لديها هو أمر بالغ الأهمية للأسباب التالية:

- **يمكن أن يسرّع أو يبطئ من نجاحك؛** أو أن يدفعك خارج مسار النجاح. أياً كان المسار الوظيفي الذي حددته، وأياً كانت الشركة التي تختار، فإن ذلك يفرض عليك اتجاه حياتك المهنية. سوف تحدد شركتك الأولى الطريقة التي ترى بها مجال عملك وحياتك المهنية. إنه قرار بالغ الأهمية، وإذا اتخذت القرار الخاطئ، ستؤخر نجاحك. إن الأمر بهذه البساطة، فلا تَلُمْ سوى نفسك.
- **يجب أن تكون عملياً وموضوعياً؛** حتماً الشركة الأفضل بالنسبة لك دائماً هي التي تُلهِمك وتُحَفِّزك على الاستمرار في العطاء بأوقات الشدة والرخاء. كما أن الاختلاف بين الأشخاص يدفعهم إلى اكتساب الإلهام من أمور عدة، واستمداد القوة من جهات مختلفة. اختر ما يُحَفِّزك من دون تكلّف للسعي باستمرار والعمل بشكل أفضل.
- **سجل الإنجازات؛** في الوقت الحاضر الذي نعيش فيه، يسعى الجميع تقريباً إلى تأسيس شركاتهم الخاصة، وذلك نتيجة للانطباع الخاطئ بأنها الطريقة الوحيدة «للثراء السريع»، وللأسف تميل معظم هذه

الشركات إلى الفشل، لأن العديد ممن «يدّعون» أنهم رواد أعمال يتوقون إلى كسب المزيد، ولكنهم غير مستعدين لبذل جهدٍ كافٍ للعمل والاستثمار وتحمل المخاطر الأصعب. الشركة المثالية بالنسبة لك هي التي يرأسها قائد متمرّس ذو استراتجية واضحة له سجل حافل بالإنجازات. شخص اعتاد مواجهة تقلبات وتحديات الأسواق مرات عدة، وتمكّن من البيع بغض النظر عن حالها؛ شخص شهد كل شيء وعمل بنجاح في جميع المراحل، بينما يستمر في حرصه على اكتساب المعرفة الجديدة وتعلّم المزيد. القبطان دائماً ما يوجه السفينة - لذا تأكد من اختيارك للقائد المناسب.

- **النمو بشكل جدّي**. أفضل المؤسسات هي تلك التي يديرها ويقودها أولئك الذين لا يتوقفون عن النمو وتلقي التعليم واكتساب المعرفة، وهم غالباً ما يتطلعون إلى آفاق جديدة ويمكنهم تحويل الأفكار إلى نماذج أعمال ناجحة. يجب أن تنضم إلى شركة من شأنها أن توفر لك العديد من الفرص للتطور. وهذا حال الشركة التي تستثمر الموارد المناسبة لتأمين مكانتها في السوق وتطوير أعمالها، وتتحرك دائماً للأمام نحو تحقيق النجاح. إن تاريخ أية شركة يحمل دلالة لا تقبل الشك عن توجهها المستقبلي.

fäm Properties

اف أي إم العقارية

في «اف أي إم» العقارية، يتم تزويدك بكل ما تحتاج لمعرفته عن سوق العقارات، وتوفر لك المنصة المناسبة لممارسة ما تتعلمه، حتى تتمكن من اكتساب الخبرة المطلوبة لتحقيق النجاح وجني الأرباح في مجال العقارات.

فلا تتردد في الاتصال بنا عبر:

- موقع الشركة: www.famproperties.com
- إنستغرام: @famcareers
- لينكد إن: fäm Properties Dubai

إذا اتبعت هذه النصيحة بعناية فائقة، يمكنك النجاح في الحصول على مهنة مُجزية، باعتبارك متخصصاً في مجال العقارات.

www.ingramcontent.com/pod-product-compliance
Lightning Source LLC
Chambersburg PA
CBHW041954100426
42812CB00018B/2652
* 9 7 8 1 8 6 0 6 3 5 6 1 8 *